IAM-Bernet Studie
Journalisten im Web 2019

IAM-Bernet Studie

Journalisten im Web

2019

RECHERCHIEREN, PUBLIZIEREN, DISKUTIEREN: AUSGEWÄHLTE EINBLICKE IN DEN SOCIAL-MEDIA-ALLTAG VON SCHWEIZER JOURNALISTEN

IRÈNE MESSERLI, DOMINIK ALLEMANN, GUIDO KEEL (HERAUSGEBER)

buch & netz

Inhalt

Zu dieser Studie   ix

Studie

Erkenntnisse aus den Gesprächen   3

Recherchieren
Eigenen Nutzen definieren, Netzwerke aufbauen   11

Publizieren
Storys, nicht Themen   15

Diskutieren
Social Media für den Erstkontakt   19

Organisation
Fehlende redaktionelle Integration   23

Methode   25

Portraits

Michel Schelker
Morgenshow-Moderator Radio Energy Bern   31

Daniela Gschweng
Freischaffende Journalistin   35

Peter Blunschi
Redaktor Debatte Watson   39

Emil Bischofberger
Sportredaktor Tages-Anzeiger   43

Claudia Lässer
Leiterin Teleclub Sport und Teleclub Zoom, Mitglied der   47
Geschäftsleitung

Roman Banholzer
Reporter SRF Rundschau   51

Moritz Kaufmann
Wirtschaftsredaktor NZZ am Sonntag   55

Rafael Rohner
Redaktor Der Landbote   61

Anna Serarda Campell
Moderatorin und Redaktorin bei RTR   65

Lorenz Steinmann
Recherche-Redaktor Lokalinfo   69

Boris Gygax
Freier Journalist   73

Peter Aeschlimann
Journalist Beobachter 79

Nicole Meier
Designierte Chefredaktorin Keystone-SDA 83

Rafael Zeier
Digital-Redaktor bei Tamedia 89

Andri Rostetter
Stv. Chefredaktor/Ressortleiter St. Galler Tagblatt 93

Karin Leuppi
Moderatorin bei Tele M1 99

Matthias Kündig
Auslandkorrespondent Radio SRF 103

Sarah Huber
Online-Redaktorin bei der Schweizer Ilustrierten 107

Michael Elsener
Host Late Update SRF 111

Bettina Hamilton-Irvine
Journalistin und Dozentin 117

Dank 121

Zu dieser Studie

Nach 2015 und 2017 befragten wir von Bernet Relations gemeinsam mit dem Institut für Angewandte Medienwissenschaft der ZHAW bereits zum dritten Mal zwanzig Journalistinnen und Journalisten zu ihrer Internet- und Social-Media-Nutzung. Insgesamt gaben nun also seit 2015 rund 60 Schweizer Medienschaffende Auskunft rund um die Online-Aspekte ihrer Arbeit. Alternierend zu dieser Erhebung bei den Medienschaffenden erscheint im Zweijahres-Rhythmus die Bernet-IAM-Studie «Social Media Schweiz» zur Nutzung auf Unternehmens- und Organisations-Seite.

Unsere gemeinsamen Studien im Überblick: www.bernet.ch/studien.

Die vorliegende Publikation fasst die Erkenntnisse aus der dritten Befragungsrunde zusammen: Die Journalistinnen und Journalisten aus Print, Radio, TV und Online geben Auskunft zu ihrer Social-Media-Nutzung entlang der vier Dimensionen Recherchieren, Publizieren, Kommunizieren und Organisieren. Die Zusammenfassung der Gespräche und die Auswertung ergibt ein Bild der Social Media im Journalismus mit Trends, Einsichten und Widersprüchen.

Die einzelnen Portraits erscheinen auch in loser Reihe auf www.bernet.blog.

Der zusammenfassende Bericht enthält erneut konkrete Erkenntnisse und Empfehlungen für Medienschaffende und Kommunikations-Profis. Die Studie versucht zu beschreiben, welche Rolle Social Media im Journalismus heute spielen können und hat keinen Anspruch auf Repräsentativität. Die Auseinandersetzung damit lädt ein zur Reflexion über die eigene Tätigkeit in Journalismus und Organisationskommunikation.

Studie

Erkenntnisse aus den Gesprächen

Die zentrale Rolle von Social Media für die journalistische Arbeit ist unbestritten. Sie unterscheidet sich im Arbeitsalltag von Journalistinnen und Journalisten jedoch nach Themengebieten, Medium und Arbeitsstil. Dieser Befund ergab sich bereits aus der letzten Studie «Journalisten im Web 2017» – sie bestätigt sich dieses Jahr. Die befragten Journalistinnen und Journalisten sind Social Media gegenüber unterschiedlich begeistert, aber niemand verzichtet darauf. In den diesjährigen Gesprächen klärte sich jedoch, wie sich die Nutzung nach persönlichen und organisationalen Bedürfnissen differenziert.

Social Media als Taktgeber und Newsticker

Den grössten Einfluss haben Social Media auf den Rechercheprozess, von der Themenfindung bis zur Verifizierung von Vermutungen und Aussagen. Wer mindestens tagesaktuell arbeitet, nutzt Social Media, insbesondere Twitter, als Taktgeber und Newsticker, vor allem für überregionale Themen. Lokal spielen Social Media aufgrund des kleineren Volumens an Aktivitäten eine geringere Rolle. Wer weniger aktuell erscheint, sucht und findet auf Social Media eher das Hintergründige, das Kuriose, oder das Stimmungsbild zu einem Thema.

Twitter ist nach wie vor und noch klarer als in früheren Jahren die wichtigste Plattform für Medienschaffende. Facebook wird zwar immer an zweiter Stelle genannt, aber immer auch mit der Ergänzung, dass die Plattform allgemein und besonders für journalistische Zwecke an Bedeutung verliert. Nur ein Befragter äusserte den Eindruck, die Debatten auf Facebook hätten an Gehalt gewonnen. Neben Facebook und Twitter erwähnten die Medienschaffenden Instagram als relevante Plattform für ihre Arbeit. Während Twitter eher harte Fakten bietet, liefern Facebook und Instagram persönlichere Informationen von Prominenten, aber auch von Politikerinnen und Politikern sowie CEOs.

Ambivalenz trotz regelmässiger Nutzung

Was auffällt, ist die Ambivalenz gegenüber Social Media, die von vielen Befragten erwähnt wird: Man sieht den Nutzen von Social Media und ist fasziniert, gleichzeitig findet man die Bedeutung von Social Media für die journalistische Arbeit aber problematisch. In diesem Zusammenhang ist verschiedentlich eine Resignation erkennbar: Man würde gerne weniger auf Social Media angewiesen sein, aber man kommt einfach nicht mehr darum herum: Gewisse Geschichten und Debatten fänden inzwischen ausschliesslich auf Social Media statt.

Erkenntnisse für Journalisten

Ein eigenes Nutzungsmuster entwickeln

Je nachdem, ob man tagesaktuell, hintergründig, allgemein, lokal oder in thematischen Nischen arbeitet, ist eine andere Social-Media-Nutzung angezeigt. Die passende Praxis im Umgang mit Social Media lässt auf die Aspekte fokussieren, die wirklich relevant sind.

Facebook und Instagram für die Hintergrundrecherche vor dem Interview

Ein Blick auf die Selbstdarstellung von Interviewpartnern sowie auf deren Social-Media-Netzwerk gehört inzwischen zur Standard-Vorbereitung auf ein Interview.

Übersicht über ausländische Medienthemen

Social Media sind ein guter Einstieg, um auf Themen aus ausländischen Medien aufmerksam zu werden, ohne diese selbst ständig beobachten zu müssen.

Social Media als Filter für lokale Geschichten

Im Lokalen fehlen News-Agenturen, die uninteressante PR-Inhalte von journalistisch relevanten Geschichten unterscheiden und herausfiltern. Social Media können diese Rolle übernehmen, indem sie Hinweise liefern, welche lokalen Geschichten bewegen.

Bestätigung eigener Beobachtungen bei Reportagen

Wenn man als Journalist vor Ort recherchiert und dabei nicht weiss, ob die eigenen Beobachtungen den Sachverhalt wirklich beschreiben, hilft ein Blick auf die Social-Media-Profile von anderen – Journalisten oder anderen Anwesenden – vor Ort , um sich seine Eindrücke bestätigen zu lassen.

Social Media ist keine brauchbare zweite Quelle

Eine Geschichte, die nur auf zwei Quellen aus den Social Media basiert, ist wenig vertrauenswürdig. Wenn Social Media als erste Quelle für eine Geschichte dient, muss diese Quelle unbedingt mit einer zweiten Quelle ausserhalb der Social Media bestätigt werden.

Twitter: die Gefahr der Journalisten-Bubble

Medienschaffende haben Twitter für ihre Zwecke entdeckt und nutzen diese Plattform auch oft, um sich selbst an Diskussionen zu beteiligen. Dabei entsteht die Gefahr, dass sich Journalisten-Blasen bilden, in denen Journalisten Themen diskutieren, die nur sie interessieren.

Publikumsdialog ist Journalistensache

Die Pflege des Publikumsdialogs lässt sich nicht an Social-Media- oder Community-Manager delegieren, da diese mit den Beiträgen und Recherchen im Allgemeinen nicht genügend vertraut sind.

Die Hoheit über die Geschichte behalten

Während Journalistinnen und Journalisten auf ihren persönlichen Kanälen ihre Beiträge selbst publizieren, übernimmt das auf den Profilen des Mediums oft eine spezialisierte Social-Media-Redaktion. Dabei ist wichtig, dass Journalistinnen und Journalisten in den Publikationsprozess eingebunden sind, damit sie die Qualität und die Richtigkeit des Beitrags sicherstellen können.

Erkenntnisse für PR-/Medienleute

Online-Community: Welche Ausstrahlung haben meine Vernetzung und Aktivität?

Ob offizielle Profile – von Twitter über Facebook bis LinkedIn – oder individuelle persönliche Accounts: Die Wahrnehmung der Online-Aktivitäten geht über den reinen Content hinaus. Mit wem ist eine Person oder Organisation vernetzt? Werden Inhalte geteilt, kommentiert, geliked? Wie tönt der Dialog und wie wird er moderiert? Diese Informationen tragen stark zum öffentlichen Bild einer Organisation oder einer Person bei.

Dialog und Relevanz werden beachtet

Interaktion und Dialog-Qualität werden von Journalisten wahrgenommen und gewertet. Inhalte mit Publikums-Beachtung, die diskutiert und geteilt werden, deuten hin auf Relevanz und erhöhen die Wahrscheinlichkeit, dass Medien sie aufgreifen.

Experten und Corporate Influencer: Identifizieren, einbeziehen, ausbilden

Fachexperten und Corporate Influencer werden von den Medienschaffenden in bestimmten Ressorts vermehrt als Quellen geschätzt. Sie müssen in der Organisation zuerst als solche wahrgenommen und in die aktive und proaktive Kommunikations-Arbeit einbezogen sowie allenfalls kommunikativ ausgebildet werden.

Keine Medienkonferenzen oder Events ohne deutlichen Mehrwert

Die grosse Zahl an Online-Quellen und der direkte, schnelle Zugang zu ihnen, sowie der steigende Zeitdruck, machen Medienkonferenzen unbeliebt. Events sind nur sinnvoll bei einem deutlichen Mehrwert durch physische Anwesenheit – eine Online-Abdeckung (Streaming, Facebook-Live, etc.) ist zwingend mitzudenken.

Social Media allein genügt nicht – Mediencorner bleibt wichtig für spezifische Inhalte

Die Befragten legen weiterhin grossen Wert auf eine sorgfältige Quellenprüfung. Dabei gehört ein Online-Mediencorner oder ein Newsroom mit spezifischem Infomaterial für Journalisten noch immer zwingend zum Grundangebot. Er offizialisiert und vertieft die Informationen aus den Social-Media-Kanälen.

Neue Formate denken: Webinare, Video-Chat, Virtual-Reality/ 3D-Rundgänge

Die Akzeptanz von Online-Quellen und neuen Informationsformen hat sich erneut erhöht. Medienschaffende, die aufgrund des erwähnten Zeitdrucks ihre Redaktionen kaum mehr verlassen können, werden künftig gerne innovative Informations- und Austausch-Formate ausprobieren, sofern der Nutzen schnell ersichtlich ist. Hier gibt es für Kommunikations-Profis Potenzial zur Profilierung.

Online-Monitoring als Themen-Seismograph

Genau wie die Journalistinnen und Journalisten erhalten auch Unternehmen und Organisationen mit einem guten Monitoring Hinweise auf

Trendthemen. Gut kuratierte Inhalte und Links – ob von eigenen oder fremden Absendern – im Twitter- oder LinkedIn-Feed erhöht die Kompetenz und Glaubwürdigkeit.

Dialogpflege mit Medienschaffenden online und offline stärken

Der unkomplizierte, schnelle und zeitversetzte Online-Dialog öffnet neue Möglichkeiten zur Beziehungspflege mit Journalistinnen und Journalisten. Er ersetzt das persönliche Treffen jedoch nicht. Bestenfalls werden die beiden Wege miteinander kombiniert. Social Media helfen effizient bei der Kontaktaufnahme sowie der kontinuierlichen Kontaktpflege.

Recherchieren

EIGENEN NUTZEN DEFINIEREN, NETZWERKE AUFBAUEN

Praktisch alle Befragten sehen die Recherche als das Arbeitsgebiet, in dem Social Media die grösste Rolle spielt. Dabei helfen Social Media vor allem bei der Themenfindung, indem sie Journalistinnen und Journalisten auf Geschichten aufmerksam machen, die von den Agenturen nicht oder noch nicht aufgegriffen wurden, oder indem sie Hinweise geben, welche Geschichten die Öffentlichkeit beschäftigen. Zudem verweisen Twitterer oft auf spannende Artikel, die für Medienschaffende wiederum Anlass sein können, eigene Recherchen anzustellen und die Geschichte «einzuschweizern», wie es ein Befragter ausdrückt.

Selektion, Filter, Themen-Monitor

Mehrere Befragte erwähnen, dass ihnen Twitter Hinweise auf journalistische Beiträge von ausländischen Medien liefert. Weil im Arbeitsalltag die Zeit fehlt, sich mit der internationalen Presse zu beschäftigen, schätzt man die Verweise auf lesenswerte Geschichten aus dem Ausland. Diese Kuratierungs- und Filterfunktion findet interessanterweise auch im Lokalen statt. Während im überregionalen Kontext Agenturen oder die Konkurrenzmedien die Aufgabe übernehmen, die relevanten Inhalte im täglichen Schwall an PR-Meldungen herauszufiltern und aufzuarbeiten, fehlen diese Instanzen im Lokalen meist. Social Media leisten hier einen hilfreichen Dienst, indem auf ihnen ersichtlich wird, welche Themen und Inputs von Seiten von Unternehmen und vor allem auch Behörden die Öffentlichkeit bewegen und beschäftigen.

Wer in stark personenbezogenen Themenbereichen arbeitet, wie im People- oder im Sport-Journalismus, erhält zudem wertvolle Inputs durch das Monitoring der Profile von Personen aus diesen Welten, insbesondere auf Facebook und Instagram. Aber auch im Polit-Journalismus ergänzt die regelmässige Lektüre der Profile von Politikerinnen und Politiker die offiziellen Informationen von Parteien und Gremien. Social Media komplementieren so das Bild, das Organisationen von sich vermitteln, um die persönliche Dimension. Es ist deshalb bei einigen Befragten zur üblichen Praxis geworden, vor einem Gespräch zuerst einen Blick auf das Profil des Interviewpartners auf Facebook und Instagram zu werfen, um zu sehen, wie sich die Person selbst darstellt, mit wem sie auf Social Media vernetzt ist, und an welchen Debatten sie sich beteiligt.

Netzwerke und Kontexte erkennen

Wie auch schon in der Umfrage 2017 verweisen die Befragten immer wieder auf den Einblick in Netzwerke von Personen als wichtige Information, die sie in Social Media recherchieren. Aus diesen Informationen lassen sich zwar im Allgemeinen nicht direkt Geschichten produzieren, aber sie geben den Medienschaffenden wichtiges Kontextwissen.

Bei Reportagen und vor-Ort-Recherchen nutzen Journalisten zudem die Social Media, um sich zu vergewissern, ob andere die Stimmung oder die Situation ähnlich wahrgenommen haben wie sie selbst, sei das an Sportereignissen oder an politischen Demonstrationen. Dabei folgt man als Reporterin oder Reporter auf Social Media gezielt anderen Medienschaffenden, um sich abzusichern. Ein Auslandkorrespondent sagt dazu: «Ich sehe ob andere Korrespondenten das Gleiche empfinden wie ich. Oder ob sie ähnliche Dinge gesehen haben.»

Herausforderung Quellenqualität

Alle Befragten stimmen überein, dass Informationen aus den Social Media nie ungeprüft übernommen werden können. Wie viele ergänzen, gilt das aber für jegliche Art von Information. Insofern gelten für Social Media als Quelle keine anderen Regeln. Ist der Absender auf Social Media allerdings bekannt – z.B. ein renommiertes Medium wie die New York Times oder eine prominente Person, die einen zertifizierten Account hat – verwendet man die entsprechenden Informationen auch direkt. Wichtig ist dabei der Verweis auf die Quelle im Beitrag. Ein Redaktor sagt dazu: «Ich bin hochgradig paranoid – man muss höllisch aufpassen. Weil ich sehr oft auf meinen Kanälen bin und ‹meine› Leute sehr gut kenne, fühle ich mich recht sicher. Aber es kann sein, dass ich schon morgen irgendwo reinfalle. Eine Quellenregel, die ich befolge: Wissen, wer Experte ist und seine oder ihre Expertengebiete kennen.»

Der Mehrwert von Informationen aus Social Media liegt oft darin, dass sie öffentlich wird, bevor die Agenturen berichten oder die offizielle Pressemeldung verschickt ist. In solchen Momenten auf die offizielle Mitteilung zu warten, ist nicht immer einfach. Dennoch finden es die meisten Befragten problematisch, sich ausschliesslich auf Social-Media-Quellen zu verlassen – auch wenn sich eine zweite Quelle auf Social

Media finden lässt, um eine erste Information zu bestätigen. Erst wenn sich zahlreiche, voneinander unabhängige Posts finden lassen, sind einzelne Befragte bereit, ausschliesslich auf Social-Media-Quellen basierend einen Beitrag zu produzieren. Zum Beispiel, weil ein Mobilfunk-Netz ausgefallen ist, oder weil eine Störung bei der SBB hunderte Passagiere stranden lässt.

Ein Journalist weist in diesem Zusammenhang auf ein weiteres Phänomen hin: Wenn ein Medium eine spektakuläre oder besonders kuriose Geschichte publiziert, die auf wackeligen Social-Media-Quellen basiert, und andere Medien mitziehen, entsteht ein Druck, die Geschichte auch aufzugreifen, obwohl am Anfang der Geschichte eine dünne Quellenlage bestand. Sommerloch-Geschichten wie der Kaiman im Hallwilersee sind typisch dafür. Hier dem Druck der Konkurrenz standzuhalten ist schwer, auch wenn man Social Media grundsätzlich misstraut.

Publizieren

STORYS, NICHT THEMEN

Zum Publizieren werden Social Media zunächst vor allem genutzt, um auf eigene Artikel und Beiträge aufmerksam zu machen. Je nach Medium bestehen hier aber unterschiedliche Vorgehensweisen. Insgesamt scheinen die Redaktionen die Publikationstätigkeit auf Social Media stärker strategisch zu planen und Beiträge gezielter zu publizieren.

Betroffenheit bringt Viraliät

Praktisch alle Befragten berichten von Geschichten, die dank Social Media plötzlich eine viel grössere Beachtung fanden. Auf die Frage, welche Themen dabei die grösste Resonanz finden, gibt es unterschiedliche Antworten. Online laufen demnach besonders gut: Kuriositäten, Tiergeschichten, Unfälle, Naturthemen, besondere Unwettersituationen, kritische Geschichten über Behörden, insbesondere die Kesb, Telecom-Geschichten, Breaking News, exklusive, lustige und bebilderte Geschichten. Ein Befragter bringt es so auf den Punkt: «Viralität ist weniger an Themen gebunden, sondern an die Geschichten. Grundsätzlich geht eine Geschichte viral, wenn sie gut ist.»

15

Immer wieder erwähnen die Befragten auch, dass man zwar ein Gefühl für gut laufende Geschichten haben kann. Am Schluss bleibt es aber schwierig zu wissen, was wirklich gut ankommt. Ein Befragter meinte: «Ich vertrete aber auch die These, dass ganz viele PR-Agenturen, die einem versprechen, sie wissen, wie man einen viralen Clip machen kann und wie Social Media funktionieren, das auch nicht wissen. Ich habe das Gefühl, dass man bei der Frage, was auf Social Media funktioniert, extrem viel reininterpretiert.»

Geografische und demografische Erweiterung

Social Media erweitern das Publikum einerseits geografisch, andererseits kann man mit ihnen eine andere Altersgruppe erreichen. Auch ermöglichen Social Media, ein Publikum anzusprechen, das nicht zum engeren Zielpublikum des Mediums gehört. Das gilt besonders für Fachmedien, die mit Beiträgen von allgemeinerem Interesse auch nicht-Fachleute ansprechen.

Wer genau die Follower und Leser/innen auf den Social Media sind, weiss man nicht genau. Stattdessen mutmassen die Befragten: «Es sind sehr konsumbewusste, kritische und skeptische Menschen», «guter Intellekt, Interesse für und Kümmern um die Welt», «Experten», «männlich», «Leute, die sonst keine Nachrichten von klassischen Medien konsumieren», «Peer-Gruppen, die jeweils das Thema gut finden». Naturgemäss nimmt aber die Kenntnis über die tatsächlichen Leser/innen auf Social Media ab, je viraler eine Geschichte geht.

Wie die meisten Befragten erwähnen, gehören andere Journalistinnen und Journalisten immer auch zu den eifrigsten Follower. Twitter wird deshalb auch verschiedentlich als Bubble von Medienschaffenden beschrieben. Die Aktivitäten auf Social Media haben jedoch keinen direkten Einfluss darauf, was andere Medien publizieren. Alle Medien schauen, was online Aufmerksamkeit erregt, aber sie nehmen die Inhalte nicht direkt von den Social-Media-Accounts anderer Medien, vielmehr verfolgen sie permanent die Online-Ausgaben der Konkurrenz.

Diskutieren

SOCIAL MEDIA FÜR DEN ERSTKONTAKT

Ob und zu welchem Zweck Medienschaffende auf Social Media den Dialog mit dem Publikum suchen, hängt weitgehend von der Art und der publizistischen Grundhaltung des Mediums ab. Online-orientierte Medien sehen den Austausch mit dem Publikum als wichtigen Aspekt ihrer Arbeit. Ein Befragter dazu: «Die Diskussion mit den Lesenden ist Gold wert. Auf Social Media ist der Artikel nur ein Teil vom Ganzen. Die Inhalte entstehen oft nachher in der Diskussion.» So berichten auch verschiedene Journalistinnen und Journalisten, dass aus Publikumsreaktionen Folgegeschichten entstanden seien. Eine andere Befragte gab an, dass die Dialogkultur von der Redaktion ihres Online-Mediums als so wichtig angesehen wird, dass sie sich vornimmt, rund zehn Prozent der Arbeitszeit in den Publikumsdialog zu investieren. Auch wird die Pflege des Dialogs als Mittel gesehen, um die Glaubwürdigkeit des eigenen Mediums zu steigern.

Andere Befragte sehen den Dialog mit dem Publikum eher als Einbahnstrasse: Aufgrund der Erwartungen an das Medium oder aufgrund des jeweiligen Themengebiets gebe es kaum Reaktionen auf die Posts. Weil sie den Nutzen darum als zu gering einschätzen, scheuen viele den grossen Aufwand für die Dialogpflege. Für diese Befragten und ihre Redaktionen erfolgen die Aktivitäten auf Social Media vor allem aus Marketing-Überlegungen: Ziele sind die zusätzliche Verbreitung von Geschichten und Beiträgen aus dem eigenen Medium, sowie die Stärkung der eigenen Marke bei einem jüngeren Publikum. Inhaltlich ist der Austausch mit dem Publikum auf Social Media in den Augen dieses Lagers wenig ergiebig.

Substanzielle Gespräche abseits von Social Media

Die Befragten sind sich weitgehend einig: Die wirklich relevanten Diskussionen mit Informanten und Quellen finden nicht auf Social Media statt. Man recherchiert zwar Namen und Kontaktdaten auf Social Media, und man wird gelegentlich auf Twitter oder Facebook angesprochen. Aber sobald der Austausch substanziell wird, wechseln die Journalistinnnen und Journalisten auf E-Mail, das Telefon oder das persönliche Gespräch.

Die Pflege des Publikumsdialogs lässt sich in den Augen der meisten Befragten nicht an Social-Media- oder Community-Manager delegieren, die nicht so nah an der Geschichte sind wie die Journalist/innen selber. Zwar übernehmen diese Online-Redaktionen teilweise neben dem Monitoring der Social-Media-Plattformen auch die Reaktion auf Fragen und Kommentare. Aber praktisch alle Befragten sehen es als ihre Pflicht, direkte Fragen und gehaltvolle Kommentare selbst zu beantworten. Wo dies organisatorisch nicht vorgesehen ist, leidet in ihren Augen die Qualität des Austauschs mit dem Publikum.

Hass-Kommentare: Ignorieren oder Moderieren

Mit den unerfreulichen Phänomenen wie Trollen, Wutbürgern oder Hass-Kommentaren haben praktisch alle Befragten Erfahrung gesammelt. Die häufigste Strategie im Umgang mit dieser Form des Publikumsdialogs ist das Ignorieren. Nimmt man sich aber die Zeit und lässt sich auf einen Dialog mit einem kritischen Leser oder einer kritischen Zuschauerin ein, machen verschiedene Befragte die Erfahrung, dass sich der Dialog normalisiert: «Wenn Leute auf ihrer Wall sehen, hey das ist der Typ, der den Artikel geschrieben hat, dann wechselt der Tonfall. Die Leute fangen an zu reflektieren und buchstabieren zurück.» Oder aber sie melden sich nicht mehr, wenn sie sehen, dass ihnen direkt zurückgeschrieben wird.

Einige Befragte empfinden den Austausch mit dem Publikum als persönliche Bereicherung. Sie diskutieren aus persönlichem Interesse mit Leserinnen und Zuschauern. Einer ergänzt dazu: «Das beflügelt mich, weil ich sonst immer nur von Hater-Kommentaren höre. Ich bin überzeugt, die gibt es auch bei mir, aber die muss ich ja nicht lesen.»

Organisation

FEHLENDE REDAKTIONELLE INTEGRATION

In der Organisation der Social-Media-Präsenz lässt sich über alle Medien hinweg eine einheitliche Arbeitsteilung erkennen: Einerseits pflegen Online- oder Social-Media-Redaktionen den offiziellen Auftritt von Medienhäusern, Titeln oder Sendern. Journalistinnen und Journalisten liefern zwar Hinweise und Rohinformationen, aber die spezialisierten Redaktionen stellen selbst zusammen, schreiben um und wählen teilweise auch ohne das Wissen der Autorinnen und Autoren aus, was sie auf welchem Online- oder Social-Media-Kanal publizieren. Nur ein Journalist gab im Gespräch an, darauf zu bestehen, dass er alle Beiträge, die auf seine Recherchen zurückgehen, kontrollieren kann, bevor sie veröffentlicht werden. Ein anderer Journalist beschrieb, wie er Posts erst nach Veröffentlichung sieht und dann auch schon eine Anpassung veranlasste, um Fehler im Post zu korrigieren.

Auf der anderen Seite ermuntern Medienhäuser und Chefredaktionen ihre Mitarbeitenden, unter dem eigenen Namen auf Social Media aktiv zu sein. Damit ist üblicherweise keine Pflicht verbunden, aber die Befragten gaben alle an, dass es erwartet oder zumindest gern gesehen werde, wenn man Hinweise und Links auf seine Beiträge, manchmal auch noch die Beiträge von Redaktions-Kolleginnen und -kollegen, auf Social Media poste. Auch wird geschätzt, wenn man sich an Debatten auf Social-Media-Plattformen beteiligt. Einschränkungen oder Richtlinien bestehen dabei kaum, oder sie sind im Arbeitsalltag nicht relevant oder häufig schlicht nicht bekannt.

Methode

Im Herbst 2019 wurden zum dritten Mal zwanzig Gespräche mit ausgewählten Journalistinnen und Journalisten geführt, um mehr über ihren Umgang mit Social Media zu erfahren. Im Fokus standen die Tätigkeiten Recherchieren, Publizieren und Diskutieren. Zudem wurde nach der Organisation der Social-Media-Aktivitäten gefragt.

Die zwanzig Gespräche resultierten in zwanzig Einzelportraits und einem zusammenfassenden Bericht, der eine Übersicht über die – oft widersprüchlichen – Aussagen der Befragten vermittelt.

Stichprobe

Für die Untersuchung wurde je ein Vertreter von unterschiedlichen Journalismustypen von Deutschschweizer Print-, Radio-, TV- und Online-Redaktionen sowie unterschiedlicher Ressorts befragt. Es handelt sich dabei um die folgenden Gesprächspartnerinnen und -partner, denen wir herzlich danken:

- Michel Schelker, Morgenshow-Moderator Radio Energy Bern
- Daniela Gschweng, freischaffende Journalistin
- Peter Blunschi, Redaktor Debatte bei watson
- Emil Bischofberger, Sportredaktor Tages-Anzeiger
- Claudia Lässer, Leiterin Teleclub Sport und Teleclub Zoom, Mitglied der Geschäftsleitung
- Roman Banholzer, Reporter SRF Rundschau
- Moritz Kaufmann, Wirtschaftsredaktor NZZ am Sonntag
- Rafael Rohner, Redaktor Der Landbote
- Anna Serarda Campell, Moderatorin und Redaktorin bei RTR
- Lorenz Steinmann, Recherche-Redaktor Lokalinfo
- Boris Gygax, freier Journalist
- Peter Aeschlimann, Journalist Beobachter
- Nicole Meier, designierte Chefredaktorin Keystone-SDA
- Rafael Zeier, Digital-Redaktor bei Tamedia
- Andri Rostetter, Stv. Chefredaktor/Ressortleiter St. Galler Tagblatt
- Karin Leuppi, Moderatorin bei Tele M1
- Matthias Kündig, Auslandkorrespondent Radio SRF
- Sarah Huber, Online-Redaktorin bei der Schweizer Illustrierten
- Michael Elsener, Host Late Update SRF
- Bettina Hamilton-Irvine, Journalistin und Dozentin

Interviewleitfaden

- Beschreiben Sie mir einen normalen Arbeitstag: In welcher Situation spielten Social Media (SoMe) bei Ihrer Arbeit zuletzt eine wichtige Rolle?
- Was halten Sie persönlich von SoMe? Wie gehen Sie damit um?
- Können Sie Beispiele nennen für nützliche Kanäle/Angebote?

Recherchieren

- Wenn Sie eine Geschichte suchen, recherchieren und schliesslich schreiben: Wo spielen SoMe eine Rolle?
- Welche Arbeitsschritte veränderten SoMe am meisten?
- Wo gibt es am meisten Potenzial für Geschichten?
- Welche Art von Inhalten oder welche Quellen nutzen Sie?
- Wie gehen Sie mit der Verlässlichkeit von SoMe Quellen um?

Publizieren

- Gibt es neue Formen/Tätigkeiten zur Publikation der eigenen Arbeit?
- Wie geht Ihr Unternehmen mit «privaten» Meinungsäusserungen aus SoMe (Blogs, Twitter) um?
- Können Sie sich an eine Situation erinnern, in welcher SoMe die Reichweite oder die Resonanz eines Artikels vergrösserte?
- Wen erreichen Sie via SoMe?
- Wen erreichen Sie nicht via SoMe?

- Was bringt Resonanz auf SoMe, was nicht?
- Wenn Ihre Artikel von anderen Medien aufgenommen werden, welche Rolle spielen SoMe dabei?

Kommentieren und Reagieren

- Wie kommunizieren Sie online mit Ihrem Publikum?
- Mit wem kommunizieren Sie?
- Was bringt der Austausch mit dem Publikum Ihrer Meinung nach?
- Wie gehen Sie damit um?
- Gab es schon Folgegeschichten aus Reaktionen?

Organisation

- Wie ist der Umgang mit SoMe auf Ihrer Redaktion organisiert?
- Beim Publizieren?
- Gibt es Regeln? Z.B. wann man schreibt, wie man schreibt?
- Wer macht was? Gibt es Verantwortliche?

Portraits

Michel Schelker

MORGENSHOW-MODERATOR

RADIO ENERGY BERN

Zwei Berner erklären der Schweiz das Wort ÄUÄ – in der Serie «Bärndütsch für Dummies» auf den Energy-Kanälen. Mit über 100'000 Klicks war das Video ein Riesenhit. Ohne Social Media hätte dieser Beitrag niemals diese Reichweite erhalten. Cross-Teasing ist das Motto bei Energy. Heute wird ein Beitrag zuerst auf den Social-Media-Kanälen gepostet. Wenn er gut läuft, gibts daraus ein Radiobeitrag. Noch vor zwei Jahren war dies genau umgekehrt.

«Für mich spielt Social Media schon früh am Morgen eine Rolle. Das erste was ich mache, wenn der Wecker um 04.15 Uhr geht, ist ein Blick auf Instagram», sagt Michel Schelker von Radio Energy Bern. Social Media ist sein ständiger Begleiter. «Manchmal verfluche ich die Social-Media-Kanäle. Aber es ist ein super Tool, um Geschichten aufzubauen.»

Mehr Professionalität auf den Social-Media-Kanälen von Energy

Seit der letzten Journalisten Studie im 2017 hat sich bei Energy vieles verändert und professionalisiert. Heute gibt es eine eigene 10-köpfige Social-Media-Abteilung in Zürich, die nur den täglichen Content verantwortet, wie Memes und Videos. Michel Schelker und Simu Moser profitieren von den Ideen, haben aber das Privileg selber zu entscheiden, was gepostet wird und was nicht. «Früher mussten wir zwei Videos pro Woche produzieren und posten. Zum Glück haben wir jetzt mehr Freiheiten: Manchmal gibt es drei, manchmal eins und manchmal kein Video pro Woche. Aber es muss immer Content auf den Energy-Kanälen geben.»

Nicht mehr nur Moderator

Durch die Professionalisierung der Social-Media-Abteilung hat sich das Anstellungsverhältnis von Michel Schelker mit Radio Energy verändert. «Meine Stelle wurde neu geschaffen (als Moderator, Social Media Manager). Für mich hat sich bis jetzt alles zum Guten verändert. Nur noch Moderator zu sein, reicht nicht mehr im Energy-Universum. Je besser du Social-Media-mässig funktionierst in Kombination mit dem Radio, desto wertvoller.» Mit 22'400 Follower auf Instagram ist Michel Schelker ein reichweitenstarker interner Influencer. «Energy sind wir und wir sind Energy. Wir widerspiegeln das Medium und umgekehrt.»

Influencer versus Privatperson

Die Grenze zwischen Influencer und Privatperson gibt es bei Michel Schelker nicht mehr. «Ich habe zwei Profile auf Facebook. Ein privates und ein öffentliches. Das private habe ich aber sicher zwei Jahre nicht mehr benutzt. Auf Instagram habe ich nur ein öffentliches Profil. Als Richtlinien gibt Energy vor, was wir auf den Kanälen posten dürfen und was nicht.»

Steckbrief

Michel Schelker, 26

- Moderator seit: 2014
- Auf Facebook seit: 2008
- Auf Instagram seit: 2014

Daniela Gschweng

FREISCHAFFENDE JOURNALISTIN

2013 hat Daniela Gschweng den Schritt in die Selbständigkeit gewagt. Die ehemalige Informatikerin arbeitet seit sechs Jahren als freischaffende Journalistin für verschiedene Medien. Social Media nutzt sie vor allem zur Themeninspiration und für Hintergrundrecherchen.

Foto: Alexander Preobrajenski

Morgens aufstehen, Smartphone anschalten, Kaffee trinken. Dann PC anschalten und die wichtigsten Newsletter, Websites, Zeitungen und Blogs prüfen. So beginnt ein typischer Arbeitstag bei Daniela Gschweng. Die freie Journalistin schreibt für verschiedene Medien wie Higgs, Infosperber und 20 Minuten über Themen aus Wissenschaft und Gesellschaft.

Newsletter: vorsortierte Angebote

Die wichtigsten Quellen für neue Artikel sind für Daniela Gschweng eindeutig Newsletter: «In einem gut kuratierten Newsletter erhältst du alles Wichtige bereits zusammengestellt. Unnötiges wird weggelassen. Das bietet mir keine andere Quelle.» Gleich danach nennt sie Twitter. Sie nutzt das Netzwerk zur Themeninspiration und zur Kontaktaufnahme mit Gesprächspartnern: Die Schnelligkeit und Qualität der Interaktion finde sie auf keiner anderen Social-Media-Plattform.

Mit Leser/innen diskutieren

Als freischaffende Journalistin erreicht Daniela Gschweng mit ihren Artikeln je nach Medium ein sehr diverses Publikum. Wieviele Klicks und Ansichten über Social Media ihre Artikel erhalten, erfährt sie nur, wenn die zuständigen Redaktor/innen ihr diese Rückmeldungen weiterleiten. Sie teilt ihre Artikel selten selber auf Social Media: «Ich möchte meine Arbeit und meine Profile nicht danach ausrichten, was auf Social Media für Aufmerksamkeit sorgt.»

Viel interessanter sei die Diskussion mit Leser/innen direkt in den Kommentarfunktionen der entsprechenden (Online-)Medien. Die Qualität dieser Kommentare und das Wissen der Autoren seien stark vom Medium abhängig. Insbesondere bei Infosperber entstünden in den Kommentarspalten oft interessante, gehaltvolle Diskussionen. Da diskutiert Daniela Gschweng auch gerne mal mit oder greift verwandte Themen für weiterführende Artikel auf.

Steckbrief

Daniela Gschweng, 49

- Journalistin seit: 2013
- Auf Facebook seit: 2008
- Auf Twitter seit: 2013

Peter Blunschi

REDAKTOR DEBATTE WATSON

Morgens öffnet Peter Blunschi als erstes das Dashboard Tweet-Deck. Er verfolgt Trends aus Politik und Medien, was andere schreiben und prüft Reaktionen auf seine Themen. Twitter, betont Peter Blunschi, sei für ihn der wichtigste Social-Media-Kanal. Er nutzt Social Media seit fünf Jahren. Als er im Dezember 2013 bei watson einstieg, war die Ansage des damaligen Chefredaktors Hansi Voigt klar: Social-Media-Kanäle sind Teil des Konzepts von watson und gehören zur journalistischen Arbeit.

Peter Blunschi arbeitet seit 1987 als Journalist. Das Handwerk hat er von der Pike auf gelernt und kommt, wie er sagt, einfach zu den Informationen. Für klassischere Geschichten nutzt er die Schweizerische Mediendatenbank, Google News und das persönliche Gespräch.

Recherchiert er über Themen aus dem Ausland sucht er via Hashtags und stützt sich auf die jeweils lokalen, seriösen Medien ab. Für das Verifizieren der Quelle greift er zum Telefon oder tauscht sich via Mail direkt aus. Da er oft an Hintergrundgeschichten arbeitet, hat er dafür Zeit. Bleibt die Quelle unklar und könnten es womöglich Fake News sein, verzichtet er auf die Publikation.

Peter Blunschi ist überzeugt: «In der politischen Kommunikation werden sich bildhafte Kanäle wie Instagram weiter entwickeln. Heute dienen diese mehr der Selbstinszenierung von Politikern, als dass darüber relevante Botschaften kommuniziert werden.»

Resonanz und Reichweite

Die Medienportal watson ist auf Twitter, Facebook und Instagram präsent. Das Social-Media-Team von watson pusht Themen, die relevant sind oder das Publikum interessieren könnten. Peter Blunschi setzt bei der Publikation seiner Geschichten auf Twitter, teilt diese auf dem watson-Kanal und auf seinem persönlichen Twitter-Kanal.

Nehmen andere Medien Themen von watson auf, spielen Social-Media-Kanäle eine kleine Rolle: Twitter hat zu wenig Reichweite, Facebook verliert immer mehr an Bedeutung und deutlich an Resonanz.

Diskurs und Kommentare

Grundsätzlich findet Peter Blunschi den Austausch mit den Leser/innen wichtig, es fördere die Glaubwürdigkeit eines Mediums. Er selber hält sich jedoch zurück: «Auf Debatten mit Politikern lasse ich mich auf Social Media kaum ein, das könnte watson schaden», unterstreicht er. Auf Kommentare, die sich direkt an ihn richten, reagiert er selbstverständlich. Vor allem dann, wenn ihn jemand damit konfrontiert, er schreibe Unwahres. Dann stellt er den Sachverhalt richtig, verweist auf die Fakten und wenn möglich auf die Quelle.

Informationen einordnen, Flut überblicken

Von der Fülle an Informationen, die von Unternehmen kommuniziert wird, lässt sich Peter Blunschi nicht beeindrucken: «Als Journalist braucht man ein gutes Gespür und Erfahrung – entscheidend ist immer der Inhalt. Über welche Kanäle dieser kommuniziert wird, ist nicht wichtig.»

Steckbrief

Peter Blunschi, 56

- Journalist seit: 1987
- Redaktor Debatte bei watson seit: Dezember 2013 (Start watson Januar 2014)
- Auf Facebook seit: 2014
- Auf Twitter seit: 2014
- Auf Instagram seit: 2018

Emil Bischofberger

SPORTREDAKTOR TAGES-ANZEIGER

Während Facebook fast ganz aus dem Arbeitsalltag von Sportredaktor Emil Bischofberger verschwunden ist, sieht er Twitter
mittlerweile gar als primäre Infoquelle. Er nutzt den Kanal
intensiv und sieht sein Engagement auch als Service an seinen
Followern und Leser/innen.

«Twitter ist eigentlich der einzige Ort, wo ich wirklich ‹Breaking News› erfahre», sagt Emil Bischofberger. «Ich brauche es früh morgens erstmals und dann den ganzen Tag über immer wieder. Social Media bedeutet für mich darum fast ausschliesslich Twitter. Auch auf Instagram folge ich einigen Sportlern – dies aber eher privat.»

(Re-)Tweeten mit Verstand

Wo im Arbeitsprozess spielt Twitter die grösste Rolle? Emil Bischofberger sagt: «Das eine geht ins andere über, mittlerweile spielt es auf allen Ebenen eine Rolle. Ein relevanter Tweet retweete ich als Dienst an meine Follower. Oder ich speichere den Link für später. Bei der Twitter-Interaktion ist mir immer bewusst, dass mir andere Journalisten folgen. Ich überlege mir durchaus, was ich teile und kommentiere – ich will sie ja nicht auf meine gute Geschichte leiten. Der Versuch, sich mit relevanten Posts abzugrenzen, gehört auch zum Berufsstolz.»

Geschichten auf der Metaebene

Wer oder was bringt relevante Informationen für gute Geschichten? Das passiere eher auf der Metaebene. «Es sind Experten, die interessante Sichtweisen und Hintergrundinfos einbringen. In den wenigsten Fällen sind es die Protagonisten selber, ausser in Fällen wo jemand kritisiert wird oder mal Druck ablässt.» Die Quellen und die Qualität der Aussagen liessen sich recht gut überprüfen. Genau hinschauen müsse man, sobald es um Doping oder Betrug gehe.

Videos erlauben den Blick aus der Zuschauer-Perspektive

Interessante neue Perspektiven und Sichtweisen bieten gemäss Emil Bischofberger auch Videos von verschiedenen Absendern wie Fans oder Team-Mitglieder. Ein Kuriosum hierzu erlebte er selber an der Tour de France 2019: Er leitete ein spezielles Video von feiernden Fans auf seinem Twitter-Kanal weiter. Der Tweet ging viral und zählt bis heute mehrere Tausend Retweets und Likes. Emil Bischofberger wusste nicht, wie ihm geschah: «Ich wachte morgens auf und mein Tweet hatte diese grossen Kreise gezogen. Ich weiss heute noch nicht wieso. Auch musste ich aufpassen, nicht für den Urheber gehalten zu werden, ich habe den Film ja nur geteilt.»

Twitter am Zenith und kein Massenphänomen

Obwohl Emil Bischofberger Twitter intensiv als Recherche-Kanal nutzt, sieht er Grenzen. Dass sich ein Publikumsdialog entfacht und sich hieraus Geschichten ergäben, sei selten. Als Sportreporter habe er eine recht klare Agenda. Und obwohl er gerade die Radsportler als «Twitterearly-Adopters» und überaus affin erlebt, sieht er den Kanal bei uns am Zenith angekommen. Dass sich das ganz breite Publikum auf Twitter engagiert, sei in unseren Breitengraden nicht zu erwarten.

Steckbrief

Emil Bischofberger, 38

- Journalist seit: circa 1997
- Auf Twitter seit: 2009
- Auf Facebook seit: 2008 (privat)

Claudia Lässer

LEITERIN TELECLUB SPORT UND TELECLUB ZOOM, MITGLIED DER GESCHÄFTSLEITUNG

Egal ob für Recherche, Erhöhung von Reichweite oder verkaufsfördernde Massnahmen: Für Journalistin und Moderatorin Claudia Lässer gehören Social Media längst zum Alltag. Bei Teleclub führt dies sogar zur Entwicklung neuer Sendungsformate.

Bei Teleclub steht Content im Zentrum. Besonders beim Sport geht es dabei um Exklusivität, Schnelligkeit und Primeure – alles Faktoren, bei denen Social Media eine zentrale Rolle spielen. «Ich bin mehrfach pro Tag auf unseren Seiten, schaue links und rechts, was unsere Konkurrenz macht und wie sich das Ganze entwickelt.» Für Claudia Lässer sind Social Media längst mehr als ein Hype, sie sind in ihrem Alltag omnipräsent. «Als Content House kommen wir nicht darum herum, Trends und neue Kanäle ernst zu nehmen und die dort gefundenen Inhalte mit in unsere Sendungen und Redaktionsplanung einzubeziehen.» Bei Teleclub sind die Sozialen Medien zudem wichtige Tools für Marketing und Verkauf. «Damit dürfen wir es jedoch nicht übertreiben. Unser Fokus muss den redaktionellen Inhalten gelten.»

Instagram am wichtigsten

Im Sportbereich ist Instagram der aktuell wichtigste Kanal, meint Claudia Lässer. Hochwertige Bilder, insbesondere Bewegtbilder, kommen hier am besten zur Geltung und sorgen für hohe Interaktionsraten. «Instagram ist für mich momentan die spannendste Plattform und bietet gerade für uns als Premium Sender mit exklusiven Inhalten die besten Möglichkeiten.» Am meisten Personen erreicht Teleclub aber immer noch via YouTube und Facebook. «Grundsätzlich müssen wir alle Kanäle bespielen. Aber Instagram ist unser Lieblingskanal.»

Social Media schaffen neue Sendungsformate

Egal ob Talk- oder Sportsendung: Die Recherche via Social Media ist mittlerweile fester Bestandteil, wenn sich Claudia Lässer auf eine Sendung vorbereitet. «Ich recherchiere grundsätzlich normal, schaue aber immer zusätzlich, was die interviewte Person auf ihren Social-Media-Kanälen macht.» Im Sportbereich folgen die Redakteure den relevanten Sportlern auf ihren Kanälen – und sogar mehr als das: Mittlerweile gibt es bei Teleclub spezifische Sendungsformate, die auf Social Media basieren. «Für unsere Champions-League-Sendung haben wir beispielsweise eine Kollegin, die alle Kanäle im Vorfeld scannt und in der Sendung jeweils die Highlights präsentiert.»

Organisation: Agilität gefordert

Im Content House Teleclub ist die Vernetzung der verschiedenen Formate und Kanäle komplex. Als Newsroom organisiert und mit den daran angehängten Workflows, sind klare Rollen und Zuständigkeiten zentral. «Unsere Organisation ist ein ständiges Thema. Es kommen laufend neue Prozesse, Kanäle und Tools dazu – auch wegen Social Media verändert sich alles sehr schnell.» Bei Teleclub nutzt man aktuell Slack als internen Newsroom. Dies ermöglicht schnelle Kommunikationswege und alle sehen direkt, wer was macht. Für Claudia Lässer ist klar: «Workflows und Prozesse müssen heute agil sein. Auch als Führungsperson muss ich mich dauernd mit ihnen auseinandersetzen, damit ich agil, schnell und bereit bin, mich anzupassen.»

Steckbrief

Claudia Lässer, 42

- Journalistin seit: 2000
- Auf Facebook seit: 2014
- Auf Instagram seit: 2015

Roman Banholzer

REPORTER SRF RUNDSCHAU

Sieht der Rundschau-Journalist Roman Banholzer auf Twitter oder Facebook ein Thema immer wieder aufpoppen, überlegt er sich, ob dies ein neuer Aspekt einer Geschichte oder ein Ansatzpunkt für weitere Recherchen sein könnte. «Social Media hilft mir, Geschichten zu entdecken. Für mich ist es eine Informationsquelle, wo ich sehe, was Aufmerksamkeit erregt.»

Für Roman Banholzer ist Social Media ein zusätzliches Hilfsmittel. Im Bewusstsein, dass hier vieles getürkt sein kann und mit Fake-Profilen gearbeitet wird. Deshalb würde er nie eine Geschichte nur auf Facebook, Twitter oder Instagram abstützen. Unmittelbar aus Social Media verwendet er wenig. «Ein Social-Media-Hinweis ist ein Anhaltspunkt, dem ich nachgehe und schaue, wo ich gemäss dem Prinzip von zwei unabhängigen Quellen weitere Informationen finde.» War das nicht möglich, legte er auch schon offen, dass eine Information nur aus einer Social-Media-Quelle stammt – klar deklariert, dass nicht sicher ist, ob die Information stimmt. «Das war aber eine Ausnahme, weil wir aufgrund der Brisanz des Inhalts nicht darauf verzichten wollten. Grundsätzlich bin ich da sehr zurückhaltend.»

Zurückhaltend mit eigenen Meinungen

Roman Banholzer fände es unangemessen und ungeschickt, eine persönliche Meinung auf Social Media zu äussern. Er habe auch schon das Gefühl «Das stimmt so nicht!» oder «Das und das muss man beachten», aber er halte sich lieber zurück. «Man muss sich bewusst sein, alles auf Social Media ist öffentlich. Das Netz vergisst nie, selbst wenn man etwas löscht. Man steht im Schaufenster, und die Verbindung zwischen Person und Arbeitgeber wird schnell gemacht.» Er findet den Austausch auf diesen Kanälen deshalb heikel. Die persönliche Meinung zu einem Thema sei in seiner beruflichen Tätigkeit nicht gefragt.

Man kann sich als Privatperson deklarieren: «Ich twittere hier als Privatperson und nicht als Mitarbeiter von XY.» Diese Aufsplittung funktioniert für Roman Banholzer nicht wirklich. Er identifiziere sich mit seiner Arbeit auch mit dem Medienunternehmen. Man werde schnell aufgrund einer persönlichen Meinung, die für einen Beitrag nicht relevant ist, in ein bestimmtes Licht gestellt. Roman Banholzer ist dezidiert der Meinung, dass jeder Journalist für sich wissen muss, wie er sein Berufsverständnis mit seinem Auftritt in Social Media unter einen Hut bringt.

Wenn er einen Kommentar sehe, bei dem er noch mehr Information vermute, geht er auf diese Person zu; aber nicht in der Öffentlichkeit der Social Media, sondern mit einer persönlichen Nachricht via Twitter, oder mit einem Kontakt über klassische Kommunikationswege. Insgesamt trennt Roman Banholzer nach Plattformen: Twitter und Facebook für die geschäftlichen Dinge, Instagram für Privates. «Ob das sinnvoll ist, weiss ich auch nicht. Aber wenn Anfragen kommen, kann ich das so erklären.»

Hoheit bleibt beim Redaktor

Für Social Media produziert die SRF-Online-Redaktion Beiträge aus Material von Roman Banholzer. Oder die Rundschau-Redaktion schlägt Inhalte für die Online-Publikation vor und überprüft sie nach der Zusammenstellung. «Mir ist es wichtig, dass ich vor einer Veröffentlichung die Kontrolle habe, was auf den offiziellen Seiten publiziert wird. Das funktioniert meist sehr gut.» Er sei jemand, der eher zu vorsichtig sei und lieber alles einmal mehr kontrolliere und absichere.

Steckbrief

Roman Banholzer, 44

- Rundschau-Journalist seit: 6,5 Jahren
- bei SRF seit: 16 Jahren

Moritz Kaufmann

WIRTSCHAFTSREDAKTOR NZZ AM SONNTAG

Für Moritz Kaufmann ist der Nutzen von Social Media für seine Arbeit vielfältig. Es ist aber nicht mehr so einfach wie früher, via Social Media an gute Geschichten aus Unternehmen zu gelangen.

«Ich habe Twitter bei der Arbeit immer offen wie Outlook. Erstens bin ich schnell informiert, oft schneller als die Schweizerische Depeschenagentur. Die müssen seriös überprüfen, bevor sie tickern.» Zweitens zeige der Fiebermesser Twitter, welche Themen bewegen. Drittens liefere Twitter Ideen für Geschichten. Hierfür eignen sich geteilte Blogs besonders. Die Leser der unzähligen Blogs liefern via Twitter eine erste Selektion. Viertens sei Twitter eine Fundgrube für Lustiges und nicht Alltägliches. «In jüngster Zeit habe ich so zwei Geschichten für unsere Kleinrubriken gefunden.» Und schliesslich bringt ihm Twitter immer wieder ausländische Lesestücke zu wichtigen Themen. Das fördert wertvolles Kontextwissen für künftige Artikel.

Moritz Kaufmann schaut, dass er nie mehr als 800 Personen folgt. «Sonst würde ich wohl die Übersicht verlieren. Ab 800 fange ich an auszumisten. Und wenn ich in der Timeline den Namen oder die Person hinter einem Tweet nicht kenne, habe ich das Gefühl, ich habe die Übersicht verloren.»

Facebook, Instagram bleiben neben Twitter relevant

Twitter ist für Moritz Kaufmann am wichtigsten, aber er könnte auf keine der anderen Social-Media-Plattformen verzichten. Es gäbe Leute die sagen, Facebook sei tot, man müsse mehr auf TikTok und Snapchat unterwegs sein. «Wirklich vorbei sind aber keine, abgesehen von Myspace und Secondlife.» Instagram findet Moritz Kaufmann interessant, um zu sehen, was die Leute, gerade Chefs, für ein Selbstbild haben. «Das nutze ich zum Beispiel um mich auf ein Interview vorzubereiten. In der Regel sind eher jüngere CEO auf Instagram, zum Beispiel Daniel Grieder, der Schweizer Chef von Tommy Hilfiger.»

Vorsichtigere Mitarbeitende

Die Schweizer seien zurückhaltend mit dem Posten von Informationen, Geheimnissen oder Meinungen über den eigenen Arbeitgeber, findet Moritz Kaufmann. Wenn man so etwas finde, seien das ziemliche Glückstreffer. «Es gibt beispielsweise viele SBB-Mitarbeitende, die twittern. Gerade in relevanten Grossunternehmen ist man sich der starken Beachtung des Unternehmens bewusst und weiss, dass Posts früher oder später von Journalisten gefunden werden.» Vor drei, vier Jahren sei es noch interessanter gewesen, als jeder auf Social Media seine Meinung kundtat. Moritz Kaufmann: «Ich hatte gute Geschichten über Twitter. Jemand twitterte, dass der CEO der SBB ein Sabbatical nimmt. Das war dann mein Primeur. Das ist mir jetzt schon länger nicht mehr gelungen. Die Unternehmen haben wohl dazu gelernt.»

Moritz Kaufmann versuche noch immer, via Social Media an Mitarbeitende zu gelangen, und manchmal funktioniere dies auch. «Ich biete immer gleich an, on- oder off-the-record zu sprechen.» Üblicherweise seien die Leute misstrauisch, wenn ein Journalist sich an sie wende. Aber es gebe immer mitteilungsbedürftige Menschen. «Ein verärgerter Mitarbeiter ist noch keine Geschichte, aber er kann so verärgert sein, dass er ein Dokument sendet oder Tipps gibt, wo man nachfragen kann.»

Gute Geschichten und Erklärstücke

Eine Geschichte geht dann viral, wenn sie gut ist, glaubt Moritz Kaufmann. Das sei weniger an Themen gebunden, sondern an die Geschichte. «Ich erinnere mich an eine Auswertung beim Blick zum grossen Interesse am Walliser Nationalrat Yannick Buttet, der wegen Nötigung verurteilt wurde. Die Person war dabei wenig relevant, sondern die Geschichte – das hätte irgendjemand sein können.» Erstaunlich gut funktionierten nüchtern geschriebene Erklärstücke zu einem Thema, das die Leute beschäftige und bei dem sie den Überblick verloren hätten. «Geistert ein Thema genug lang herum, entsteht das Bedürfnis nach Einordnung. Diesen Zeitpunkt zu treffen, ist nicht einfach. Wenn das aber gelingt – die Republik ist gut darin – dann dreht das auch in Social Media. Es gibt den Leuten das Gefühl, endlich zu verstehen worum es eigentlich geht.»

Harmloser Corporate Journalism

Geschichten aus Corporate Newsrooms empfindet er nicht als Konkurrenz, weil sie oft harmlos seien: Gute-Laune-Geschichten oder Kurioses, aber ohne News-Wert. Dies würde auch selten von Journalisten aufgegriffen. «Es ist oft langweiliger Corporate Journalism. Höchstens ein Versuch, die Unternehmens-Fanbase zu pflegen.» Der Medienblog der Post sei so ein Beispiel, SBB und die Verkehrsbetriebe Zürich VBZ machten ähnliches. «Solange die Unternehmen nicht mehr Mut für richtige Geschichten haben, sehe ich darin zumindest für den Wirtschaftsjournalismus keine Konkurrenzgefahr. Ich frage mich auch, wie viele Leute ausserhalb dieser Unternehmen, sich Zeit nehmen, diese Dinge zu lesen.»

Steckbrief

Moritz Kaufmann, 33

- Journalist seit: 2011, vorher Freelance Journalist und Praktikant
- Social Media: privat kein Social Media, beruflich Twitter, Instagram, LinkedIn

Rafael Rohner

REDAKTOR DER LANDBOTE

Rafael Rohner ist Journalist beim Landboten in Winterthur. Für ihn ist Social Media ein weiteres Instrument für die Recherche. Mit Meinungsäusserungen hält er sich aus Überzeugung zurück.

Foto: Madeleine Schoder, Landbote

«Ich benutze Social Media in erster Linie um herauszufinden, welche Themen die Leute beschäftigen», sagt Rafael Rohner. Mit Facebook und Twitter fühlt der Redaktor des Landboten den Puls der Regionen, für die er zuständig ist. Auf Instagram sucht er gezielt nach Hashtags, um auf Geschichten zu stossen. Hilfreich sei Social Media auch, um aus der Distanz Informationen über eine Person zu erhalten. «Vor allem bei Politikern sieht man, wie sie sich verhalten und kann sie unter Umständen im direkten Gespräch mit Posts konfrontieren», erklärt der Redaktor. Es komme kaum vor, dass aus einem einzigen Post direkt ein Artikel entstehe. Vielmehr dienen die Themen als Inspiration für eine Berichterstattung. Die wertvollste Inspirationsquelle ist Social Media für Rafael Rohner aber bei weitem nicht: «Das Wichtigste bleibt für mich, rauszugehen und mit Leuten zu sprechen. Auf die besten Geschichten stosse ich, wenn ich vor Ort mit jemandem spreche und die Person mir weitere Hinweise gibt.»

Verlässlichkeit nicht wichtig

Zwischen der Idee und dem fertigen Artikel nehmen Facebook, Twitter und Co. bei Rafael Rohners Arbeit keine tragende Rolle ein. «Social Media nimmt einem klassische journalistische Arbeit mit Gesprächen nicht ab», sagt der Redaktor. Die Verlässlichkeit der Social-Media-Quellen spiele in seiner Arbeit deshalb eine untergeordnete Rolle: «Ich übernehme von dort keine Fakten, sondern Meinungen.» Er stellt fest, dass auf Ebene Gemeinderat nicht sehr viele Politiker auf Social Media aktiv sind. Kantonsräte posten eher etwas zu einem Thema, um Aufmerksamkeit zu generieren und Themen zu lancieren: «Das bietet uns hin und wieder interessante Elemente, die wir online einbetten.»

Zurückhaltend mit Meinungsäusserung

Rafael Rohner postet selber kaum im beruflichen Kontext. Er habe kein Bedürfnis, sich selbst zu äussern. Nicht weil ihn sein Arbeitgeber daran hindere – mit privaten Meinungsäusserungen gehe man beim Landboten locker um. Er habe Mitarbeitende, die sich öffentlich an Diskussionen beteiligen. Ob der Landbote dazu entsprechende Richtlinien habe, kann Rafael Rohner nicht mit Sicherheit beantworten. Das spiele für ihn aber auch keine Rolle: «Ich halte mich aus persönlicher Überzeugung zurück – insbesondere mit politischen Meinungsäusserungen. Ich finde, dass es Journalisten angreifbar macht, wenn sie auf Social Media spezifisch zu Parteien oder Politikern Stellung nehmen.» Er sei sich aber sehr wohl bewusst, dass er mit dem pointierten Verkünden seiner eigenen Meinung Aufmerksamkeit für seine Artikel erzeugen könnte.

Ob ein Artikel Resonanz erzeugt, weiss er meistens schon im Vorfeld: «Online geben Kuriositäten, Tiergeschichten, Unfälle, Naturthemen und auch spezielle Wettersituationen viele Klicks. Sachbezogene politische Geschichten laufen tendenziell weniger, sind aber aus unserer Sicht sehr wichtig und müssen einen Platz haben. Es ist unser Alleinstellungsmerkmal, dass wir als kritische Instanz über lokale Politik berichten und darüber diskutieren. Wir sind oft die Einzigen, die für solche Themen eine Öffentlichkeit schaffen.»

Interesse an Resonanz

Rafael Rohner interessiert es, wie die Leser/innen des Landboten auf seine Geschichten reagieren: «Ich schaue schon, wie meine Artikel kommentiert werden. Auch Klickzahlen finde ich spannend.» Regionaljournalismus bringe deutlich weniger Resonanz als grosse News. «Zu regionalen Themen gibt es online meistens nur vereinzelte Kommentare. Der weitaus grössere Teil der Rückmeldungen sind nach wie vor Leserbriefe.»

Steckbrief

Rafael Rohner, 33

- Journalist seit: 2005
- Auf Facebook seit: 2007
- Auf Twitter seit: 2012
- Auf Instagram seit: 2013

Anna Serarda Campell

MODERATORIN UND REDAKTORIN BEI RTR

Vom schnelllebigen Politkosmos in Bundesbern zu rätoromanischen Hintergrund-Reportagen. Anna Serarda Campell kennt den Umgang mit Social Media-Kanälen aus unterschiedlichen Medienumfeldern. Als Journalistin eines SRG-Medienhauses erlebt sie den multimedialen Umbruch und seine Auswirkungen. Während für die journalistische Arbeit Möglichkeiten entstanden sind, gibt es auch Grenzen – arbeitsethische, betriebliche und persönliche.

«Frühmorgens war Twitter die erste App, die ich öffnete. Wer hat was gepostet? Welche Diskussionen laufen unter Journalisten? Welcher Politiker hat sich neu mit einem Statement positioniert?». Eine typische Beschreibung aus dem Alltag von Anna Serarda Campell, als sie zwischen 2015 und 2018 noch für das rätoromanische Radio aus dem Bundeshaus berichtete. Twitter hat sich im Politikumfeld zum König unter den sozialen Medien gemausert. Als Debattierclub, Temperaturfühler oder – berüchtigt bei Donald J. Trump – für Agendasetting. «Twitter ist ein Buzz und manchmal ein Elfenbeinturm. Politische Provokationen gehören dazu, es geht um Aufmerksamkeit. Hier muss man schauen, dass Geschichten nicht heisser gegessen werden, als sie sind. Da ist für Medienschaffende natürlich viel Vorsicht geboten.»

Von Bundesbern zu rätoromanischen Kontrasten

Seit 2018 ist Anna Serarda Campell als Redaktorin und Moderatorin bei ‹Cuntrasts›. Ein Fernsehprogramm der Radiotelevisiun Svizra Rumantscha RTR, das aus der gesellschaftlichen Mitte des Graubündens berichtet. Twitter spielt hier keine grosse Rolle mehr. In den Fokus gerückt ist Facebook. Dort gibt es rätoromanische Communities, dort sind auch ältere Menschen – das klassische Fernsehpublikum – aktiv. RTR produziert multimedial – die Medienlandschaft ist im Umbruch. «Früher hat man eine Geschichte gemacht und sie anschliessend vielleicht noch geposted. Heute wird die Frage nach Online- und Social Media-Content von Anfang an gestellt.» Dies hat den Arbeitsablauf verändert und intensiver gemacht. Mehr Content-Formen, mehr Reichweite, mehr Aufwand.

Für Anna Serarda Campell ist Facebook indes nicht nur ein gutes Medium, um eigene Reportagen zu teilen. «Es hat sich als effizientes ‹Adressbuch› für Personensuche herausgestellt. Viele junge Vereinsaktive oder Kunstschaffende kontaktiere ich über ihren Facebook-Auftritt. Als Journalistin findet man die Leute und erhält schneller und offener Antwort, als bei formellen Anfragen.»

Facebook ist Netzwerk und dient Anna Serarda Campell auch als Inspirationsquelle bei Recherchen. So zum Beispiel, wenn sie eine rätoromanische Hebamme sucht, die im Zürcher Oberland Hausgeburten begleitet. Anna Serarda Campell ist überrascht, wie bereitwillig Personen Auskunft geben und welche Resonanz man hat. Die journalistische Arbeit findet jedoch in weiteren Schritten statt – insbesondere im direkten Kontakt. «Ich wäre extrem vorsichtig, auf Facebook kolportierte 'Geschichten' einfach so aufzunehmen.»

Social Media als Grauzone

Multimedia- und Online-Redaktion arbeiten bei RTR im Redaktionsteam integriert. Geschichten werden formatgemäss aufgearbeitet. Redaktionsmitglieder teilen Content privat und bewegen sich auf ihren persönlichen Kanälen ohne Vorgaben des Senders. «Im besten Fall kann man sich als Medienschaffende etwas sichtbarer machen. Generell sind wir relativ frei in unserer Meinungsäusserung.» Dennoch, Selbstregulierung im journalistischen Grundverständnis ist hier angebracht. Politische Ausserungen sind heikel, eine Parteimitgliedschaft wäre problematisch. «Wir sind auch angehalten, keine Parteipolitik zu bewerben. Wir müssen ja schliesslich eine gewisse Objektivität wahren.»

Vor kurzem hat RTR mit einer internen Weiterbildung die Rolle der Medienschaffenden in der Öffentlichkeit aufgenommen. In Bezug auf Social Media eine Grauzone. Do's and Don'ts wurden redaktionsintern thematisiert. «Ich bin zur Überzeugung gelangt, dass man als freier Mensch eine Meinung haben darf. Aber ich lebe mein journalistisches Selbstverständnis, keine Propaganda zu betreiben.»

Steckbrief

Anna Serarda Campell, 35

- Journalistin seit: 2005
- Auf Facebook seit: 2008
- Auf Twitter seit: 2013

Lorenz Steinmann

RECHERCHE-REDAKTOR LOKALINFO

Social Media spielt eine untergeordnete Rolle in der Arbeit von Recherche-Journalist Lorenz Steinmann. Seine wöchentlich erscheinenden Zeitungen setzen auf exklusive Primeure. Die grosse Reichweite von Facebook und Co. arbeitet dem eher entgegen. Den direkten Zugang zum regionalen Publikum sucht er in erster Linie im Quartier oder an Events.

Foto: Alfonso Smith

«Im Lokaljournalismus solltest du immer von Exklusivität ausgehen – zumal als Wochenzeitung ohne Newsdruck – und wenn etwas auf Facebook erscheint, dann ist es eben öffentlich und potenziell breit bekannt», sagt Lorenz Steinmann, Recherche-Journalist für die Lokalinfo AG, die fünf Zürcher Lokal- und Quartierzeitungen herausgibt. Und weiter: «Unser Lokaljournalismus ist sehr 'oldschool'. Die Leser nehmen eher den Hörer in die Hand und rufen an. Oder wir sehen sie an einem Anlass oder Spaziergang. Bei Social Media bist du selten allein mit den Informanten.» Im schnellen TV/Radio sei das nicht so schlimm. «Wir als Wochenzeitung sind hier langsamer. Allerdings nutzen wir schon auch die Möglichkeit, auch mal etwas schneller online zu veröffentlichen.»

Sorgfältiger Quellencheck ist gerade lokal wichtig

Auch bezüglich Sicherung von Quellen und von Qualität ist die Ausgangslage im Lokaljournalismus speziell. Lorenz Steinmann sagt: «Durch den Wochenrhythmus haben wir genug Zeit für einen sorgfältigen Quellencheck. Wir arbeiten nicht so hektisch.» Die Qualität hingegen sei eben gerade im Lokalen sehr wichtig. «Lokaljournalismus ist so anspruchsvoll, weil die Leute viele Details aus dem Quartier sehr genau kennen. Man weiss Bescheid, kennt die Protagonisten, Strassennamen, jedes Detail. Wir müssen sehr sorgfältig arbeiten.» Den Austausch mit dem Lokalpublikum pflege man indes durchaus. Wenn auch eher «gepflegt und im Direktkontakt.»

Guter Online-Service von Kommunikations-Stellen

Eine Entwicklung der professionellen Kommunikation seitens Unternehmen und Organisationen erlebt Lorenz Steinmann deutlich: «Der Service ist teilweise wirklich ausgezeichnet. Spannend finde ich: Die Medienkonferenz stirbt aus – es braucht sie nicht mehr. Die Zeiten sind vorbei, wo jemand etwas präsentiert, das man eigentlich schon weiss. Das fordert die Journalisten. Früher konnte man noch so tun, als hätte man alles recherchiert. Dabei war ja vieles schon vorgefertigt.» Heute müssten die Medienschaffenden noch viel mehr einordnen, Zusammenhänge und Hintergründe erkennen. Lorenz Steinmann blickt durchaus positiv in eine spannende Zukunft: «Einfach abbilden reicht nicht mehr, es braucht eine grössere journalistische Leistung. Ich bin entspannt, was die Zukunft des Journalismus betrifft: Die Informationslust bleibt und es braucht die Arbeit weiter.»

Steckbrief

Lorenz Steinmann, 54

- Journalist seit: 2006 (vorher u.a. PR bei der Stadt Zürich)
- Auf Facebook seit: 2008 (meist passiv)

Boris Gygax

FREIER JOURNALIST

Boris Gygax verbrachte als freier Journalist bis Anfang 2019 drei Jahre in Shanghai. Nützlich waren bei seiner Arbeit in China nur jene Social Media, die er eigentlich nicht hätte nutzen dürfen.

«So trivial das in der Schweiz klingen mag: Das Stimmungsbild in China zu erfassen, ist ziemlich schwierig», sagt Boris Gygax und umschreibt damit, wie er Twitter während seiner drei Jahre als Journalist in Shanghai genutzt hat. Der Kurznachrichtendienst sei für ihn eine Absicherung gewesen. Mit ihm konnte er zu einem gewissen Grad bestätigen, ob andere Journalisten das Gleiche wahrgenommen haben, wie er. Das sei bei Recherchen im Reich der Mitte unabdingbar: «Als Journalist befindet man sich in China im luftleeren Raum. Auf eine gewisse Art herrscht Faktenlosigkeit, weil die Propaganda alles verfälscht. Ein Twitter-Schwarm aus Korrespondenten und Journalisten half mir jeweils, Ereignisse einzuordnen.» Chinesische Medien berichten nur so über Ereignisse, dass es der Partei nütze. Sie verbreiten Unwahrheiten mit einer grossen Selbstverständlichkeit. «Es ist haarsträubend für uns, dass man einfach behaupten kann: ‹Schwarz ist Weiss›. Die meisten Leute in China glauben das, weil sie keine anderen Informationsquellen haben», betont Boris Gygax.

What about WeChat?

Statistiken und Fakten von den chinesischen Behörden sind oft frisiert. Darum kann man sich als Journalist nicht darauf verlassen. Verstrickungen zwischen Unternehmen, Institutionen und dem Staat sind so eng, dass man bei jedem Interviewpartner zuerst überprüfen muss, wie nahe er der kommunistischen Partei steht. Aussagen könne man nie für bare Münze nehmen. Für jede Story finde man fünf dekorierte Experten, die alle etwas anderes behaupten: «Verglichen mit der Schweiz haben Social Media bei meiner Arbeit in China deshalb einen viel wichtigeren Stellenwert eingenommen.» Twitter könne man zwar zur Absicherung nutzen, sich aber auf keinen Fall nur auf Tweets stützen. «Es ist zu unzuverlässig, um daraus zu zitieren.» In der Recherche habe er Twitter aber genutzt, um an Kontakte zu gelangen. Weil der Staat den Kurznachrichtendienst sperrt, musste er einen VPN-Dienst nutzen. Chinesische Social Media wie WeChat habe er nur für private Zwecke genutzt, ganz bewusst nicht für Recherchen. «Es wäre dumm, WeChat zu Recherchezwecken zu nutzen. Man bringt Leute in Gefahr, wenn man mit ihnen über überwachte Dienste kommuniziert.» Eine kleine Rolle habe laut Boris Gygax auch Instagram gespielt. «Man kann an Geschichten kommen, wenn man in die Account-Description schreibt, dass man Journalist in China ist.»

Unerwünschte Eigendynamik

Es war nicht Boris Gygax' Ziel, dass seine Geschichten auf Social Media besonders viel Reichweite erzeugen. «Unsere Aufgabe war es, über das politische Geschehen in China zu berichten. Das gab genug zu tun. Die Aufmerksamkeit wollten wir in der Schweiz, nicht in China – dort bleibt man am besten unter dem Radar.» Bei der Verbreitung via Social Media mussten sie deshalb während heiklen Recherchen vorsichtig sein. Trotzdem kam es vor, dass ihre Berichte die Behörden auf den Plan riefen. «Als wir für die Rundschau einen Beitrag über das Social-Credit-System in China gemacht haben, hat das zunächst kaum Wellen geschlagen. Einige Zeit später haben uns plötzlich die chinesischen Behörden kontaktiert. Jemand hatte den Film auf YouTube geladen, wo er auf viel Interesse gestossen ist.» Es komme vor, dass ein Bericht im ersten Moment wenig auslöse, und erst später in den Wirren des Internets eine Eigendynamik entwickle und für Aufsehen sorge.

Kein Marktschreier

Sich als Journalist Social Media zu verweigern, findet Boris Gygax dumm und ignorant. «Viele Journalisten – und da schliesse ich mich mit ein – haben sich noch gar nicht überlegt, welche Chancen einem die sozialen Netzwerke bieten», gibt er sich kritisch. Als Journalist könne man Tiefgründigkeit und Gründlichkeit nur schwer mit der Oberflächlichkeit von Social Media vereinbaren. Ihm sei es wichtig, mit seiner Arbeit zu überzeugen, nicht nur mit Präsenz. «Privat habe ich kein ausgeprägtes Sendebewusstsein. Ich habe Mühe damit, dass die lautesten Journalisten am meisten Aufmerksamkeit erhalten.» Für ihn sei es befremdlich, dass man auf Twitter dem Lautesten zuzuhören scheint. Nicht nur deshalb habe er in China seine Energie lieber in Artikel mit grosser Auflage gesteckt: «Ich war nur drei Jahre Shanghai. Es gibt Journalisten, die arbeiten seit 20 Jahren dort. Ich hätte mich sehr wichtig genommen, wenn ich mich immerzu geäussert hätte.» Zudem wäre es schlicht ungeschickt gewesen, sich zu gewissen Dingen zu äussern, weil er damit die Aufmerksamkeit der Überwachungsbehörden auf sich gelenkt hätte. «Wir haben beispielsweise für das RTS über das Uiguren-Problem in der Region Xinjiang gedreht. Es wäre dumm gewesen, einen Tweet im Stile von ‹Ich bin jetzt gerade in Ürümqi und schon das dritte Mal verhaftet worden›, abzusetzen. Dadurch, dass ich recherchiert und den Beitrag gedreht habe, konnte ich viel mehr Leuten zeigen, was dort passiert.» Seine bescheidenen Followerzahlen habe er genutzt, um produzierte Beiträge zu verbreiten – nicht zuletzt aus persönlichen Gründen. «So konnten Freunde und Verwandte sehen, was ich in China überhaupt mache.»

Steckbrief

Boris Gygax, 33

- Journalist seit: 2009
- Auf Facebook seit: ca. 2004
- Auf Twitter seit: 2013
- Auf Instagram seit: 2015

Peter Aeschlimann

JOURNALIST BEOBACHTER

Für ihn ist es eine Hassliebe. In den Sozialen Medien findet Peter Aeschlimann Geschichten und Personen, auf die er sonst nicht aufmerksam würde. Selbstdarsteller beobachtet er kritisch. Das Web nutzt er heute lieber für den Dialog mit seinen Leser/innen statt als Plattform für sich selbst.

Foto: Pascal Mora

«Ich würde mich als Heavy User bezeichnen. Die Facebook- und Twitter-Tabs habe ich immer offen», sagt Peter Aeschlimann, Journalist beim Magazin Beobachter. Sein Arbeitsalltag verläuft sonst eher klassisch und offline: Redaktionssitzung am Morgen, an der die Online- und Print-Journalisten zusammenkommen. Aktualitäten werden besprochen, Themen geplant, bevor jeder an seinem Platz an seinen Geschichten arbeitet oder Informanten trifft. Peter Aeschlimann arbeitet in der Printredaktion. Das Magazin erscheint im Zwei-Wochen-Rhythmus.

Auf Twitter und Facebook holt sich der Journalist Inspiration für neue Artikel. Hier liest er Geschichten, die er in den klassischen Medien nicht findet oder Storys aus dem Ausland, zu denen er einen Schweizer Bezug herstellen kann. Das Netz ist für Peter Aeschlimann auch eine riesige Kontaktdatenbank. Hier tummeln sich Leute, auf die er offline nicht aufmerksam würde, Persönlichkeiten, die immer wieder spannende Beiträge teilen oder Politiker, die regelmässig Sprüche raushauen.

Facebook-Post schlägt Medienmitteilung

Wer Facebook und Twitter nutzt, stösst unweigerlich auch auf zweifelhafte Quellen: Trolle, Verschwörungstheoretiker, pseudowissenschaftliche Blogger. Eine Aussage eines anonymen Twitterers schafft es erst dann in einen Artikel, wenn Peter Aeschlimann mit der Person ein persönliches Gespräch geführt hat – am liebsten von Angesicht zu Angesicht.

Unternehmen und Konzernen folgt der Journalist auf Social Media kaum. Trotzdem interessieren ihn die Posts von Organisationen mehr als ihre Medienmitteilungen, weil er online die Reaktionen der Zielgruppen mitverfolgen kann.

Austausch statt Selbstdarstellung

Mit persönlichen Aussagen hält sich der Journalist mittlerweile zurück. In der Anfangszeit von Social Media provozierte er gerne auf Twitter. Ob es beim «Beobachter» Guidelines gibt, kann er spontan nicht beantworten. Noch nie ist er damit in Berührung gekommen.

Peter Aeschlimann glaubt nicht, dass seine Artikel dank Twitter eher von anderen Medien aufgegriffen werden. Er glaubt aber an das Potenzial der Plattformen, wenn es um den Austausch mit der Leserschaft geht. Die Diskussion zwischen Journalist und Leser/innen fördere das

Vertrauen und die Leserbindung. «In einer Branche, in der das Vertrauen so angeschlagen ist wie noch selten, kann es nur von Vorteil sein, wenn man die Diskussionen auf Social Media annimmt.»

Steckbrief

Peter Aeschlimann, 42

- Journalist seit: 2005
- Auf Facebook seit: 2007
- Auf Twitter seit: 2011
- Auf Instagram seit: 2012

Nicole Meier

DESIGNIERTE CHEFREDAKTORIN KEYSTONE-SDA

Als designierte Chefredaktorin von Keystone-SDA leitet Nicole Meier die deutschsprachige Redaktion. TweetDeck nutzt sie als Seismograf – im Mix mit Push-Mitteilungen und gezielt platzierten Add-ons.

Foto: KEYSTONE / Alessandro della Valle

Sitzt Nicole Meier in der Zentralredaktion am Desk, nutzt sie fürs Monitoring TweetDeck. «Manchmal,» sagt sie schmunzelnd «denke ich sogar in TweetDeck-Spalten.» In der Spalte «Medien» beobachtet sie Geschichten, die die Redaktion betreffen können, Tweets von Medienschaffenden zeigen, was im In- und Ausland läuft, Behörden-Tweets ordnet sie als relativ neutrale Informationen ein; diejenigen von Politikern als persönlich gefärbt. Und bei Tweets von Experten versucht sie einzuordnen, wie neutral sie sind und welche Interessen dahinter stehen.

Mehr Tempo, rascher Fakten-Check

Aus dem TweetDeck-Monitoring der Zentralredaktion fliessen die Informationen auch an die Regional- und Fachredaktionen. Verändert hat sich vor allem das Tempo. Berichtet eine Medienseite (wie blick.ch, srf.ch, …) über Breaking News oder einen Primeur, muss Keystone-SDA schnell reagieren und die Fakten prüfen. Eine Geschichte einer Medienseite, eines Politikers direkt übernehmen oder einfach abschreiben, entspricht nicht den Kriterien der Agentur.

Quelle und Bestätigungsregel

Die Redaktion arbeitet nach der Bestätigungsregel – und fragt immer bei der Quelle nach. Bei zahlreichen Geschichten, die über Social-Media-Kanäle verbreitet werden, ist dies jedoch schwierig.

Dringt zum Beispiel eine kontroverse Information aus der Bundesratssitzung an die Öffentlichkeit, kann Keystone-SDA diese Geschichte nicht einfach aufnehmen. Aufgrund des Kollegialitätsprinzips in der Regierung ist es kaum möglich, dazu eine Bestätigung zu erhalten.

TweetDeck und Add-ons

TweetDeck ist für Keystone-SDA ein guter Seismograf. Rasch und direkt bei den Quellen sind einzelne Regionalbüros auch mit Add-ons. Bei Abstimmungen und Wahlen mit Check4Change zum Beispiel auf den Resultate-Seiten der Kantone. Mit Follow That Page bei Verwaltungsseiten (Gerichte, Handelsregister) oder Organisationen wie die Post oder SBB.

Keine Folgegeschichten, kaum Dialog

«Wir können keine Geschichte aufnehmen, nur weil wir sie interessant finden», betont Nicole Meier. «Das Thema muss neu und faktuell sein.»

Die Hürde ist hoch, und zahlreiche Reaktionen auf Social Media alleine sind noch kein ausreichendes Kriterium für die Agentur, um darüber zu berichten.

Kunden von Keystone-SDA sind die Medien (Print und Online). Direkt mit den Leser/innen steht die Redaktion kaum in Kontakt, ein Dialog auf den Social-Media-Kanälen findet nicht statt.

Teilen und Reichweite über Social Media

Die eigenen Geschichten nimmt Keystone-SDA selten auf dem eigenen Twitter-Kanal auf. Jeweils morgens versendet die Redaktion einen Programmtweet und an den Wahl- und Abstimmungssonntagen nimmt sie relevante Resultate auf. Immer direkt von der Quelle. Diese Tweets interessieren vor allem andere Journalisten, Politologen, Mitglieder von Parteien, Mitarbeitende von Behörden und der Verwaltung sowie interessierte Privatpersonen.

Ausgewogen und neutral

Keystone-SDA hat den Ruf, neutral zu sein und ausgewogen zu berichten. Nicole Meier sagt: «Wir werten nicht und versuchen alle Meinungen zu berücksichtigen. Aber: Bei uns kann man sich auch nicht inszenieren. Zum Beispiel einen Primeur stecken und gross rauskommen, das geht nicht.»

Meier twittert persönlich

Meistens übernimmt Nicole Meier das Twittern selber – ein Social-Media-Team hat die Redaktion nicht. Persönlich ist sie auf Twitter und

LinkedIn und nutzt diese vor allem beruflich. Auf Facebook und Instagram ist sie nur privat unterwegs. Nicole Meier findet es wichtig, als Journalistin in der Bubble präsent zu sein.

Steckbrief

Nicole Meier, 47

- Journalistin seit: 1995
- Auf Twitter seit: 2012
- Auf Facebook seit: 2008
- Auf Instagram seit: 2016

Rafael Zeier

DIGITAL-REDAKTOR BEI TAMEDIA

Dank Social Media kommt Rafael Zeier an Meldungen, die erst Stunden oder Tage später in die Schweiz gelangen. Wo dabei Gefahren lauern und weshalb Social Media nicht mehr wegzudenken sind.

Mit Twitter und Telegram entgeht dem Tamedia-Redaktor für Digitales und Gesellschaft nichts. Rafael Zeier überblickt mit diesen Plattformen täglich das nationale und internationale Geschehen. Die Liste, wem er auf Twitter folgt, ist lang und sorgfältig ausgewählt. Telegram findet er zurzeit die beste Social-Media-Plattform. Sie ist kleiner und überschaubarer als Twitter. Eine Umfrage starten oder eine persönliche Ansicht mit Experten spiegeln, ist mit Telegram in Kürze möglich.

Im Dialog mit den Lesenden

«Auf Social Media ist ein Artikel oft nur ein Startschuss», so Rafael Zeier. Der Beitrag wächst und gewinnt mit den Kommentaren. Deshalb diskutiert Rafael Zeier gerne mit. Im Dialog sieht er grosses Potenzial.

Er kennt Blogger aus den USA, die ein solches Modell bereits verfolgen. Die Abonnenten bezahlen zwischen 100 bis 200 USD pro Jahr, erhalten Beiträge via Slack und können mit dem Experten diskutieren.

Social Media als Quelle für Geschichten

«Man muss höllisch aufpassen», so Rafael Zeier zur Verlässlichkeit von Social-Media-Inhalten. Zu den Regeln gehören für ihn: Wissen, wer ein Experte ist und wissen, auf welchem Gebiet er oder sie über Expertise verfügt. «Ich mache Screenshots, für den Fall, dass Tweets wieder verschwinden», erzählt Rafael Zeier. «Man kann nicht wie im Selbstbedienungsladen einfach zugreifen.» Es steckt eine Menge Aufwand dahinter. Das Risiko auf einen Social-Media-Hype reinzufallen, ist sehr gross. Im «Digital»-Bereich ist es oft schwierig, die Meldungen zu prüfen. Die grossen Tech-Konzerne aus den USA verfolgen restriktive Kommunikationsstrategien und äussern sich in der Regel nicht.

Ausblick: mehr Partizipation und Dialog

«Dass ein Artikel der Opus Magnum ist, davon werden wir immer mehr wegkommen. Die Inhalte verändern sich – auch nach der Publikation. Mit den Social-Media-Plattformen und den Leserkommentaren sind die Puzzleteile für etwas Neues bereits da. Dem gegenüber stehen die Verlage mit über 100 Jahre alten Strukturen. Wir stecken in der ‹Print-Logik› fest. Und dies, obwohl es das Internet schon seit zwanzig Jahren gibt,» stellt Rafael Zeier fest. Ihm schwebt eine gute Mischung aus Qualitätsinhalt und Dialogischem vor – so, dass es nach dem Erzählen weitergeht.

Steckbrief

Rafael Zeier, 39

- Journalist seit: 1999
- Auf Facebook seit zwei Jahren fast nicht mehr
- Auf Twitter seit: 2008

Andri Rostetter

STV. CHEFREDAKTOR/RESSORTLEITER
ST. GALLER TAGBLATT

Social Media sind nicht Andri Rostetters wichtigstes Arbeitsinstrument. Er brauche es neben vielen anderen und es ist nicht etwa täglich unverzichtbar. Im Lokaljournalismus ist der direkte Kontakt und das Telefon noch immer der beste Weg. Das Social Web hilft bei neuen Kontakten, für O-Töne aus der Politszene und für Informationen bei der Interview-Vorbereitung.

Das Telefon bleibt noch immer Andri Rostetters wichtigstes Arbeitsinstrument. «Das hängt auch mit meinem Einsatzgebiet zusammen. Im Lokaljournalismus ist der persönliche Kontakt noch immer der einfachste Weg. Social Media hilft bei neuen Kontakten. Vor allem dort, wo ich keine Telefonnummer oder E-Mail-Adresse habe.» Beispielsweise bei obskuren Gruppen wie Sekten, links- oder rechtsextremistische Gruppierungen oder aus dem Jihadismus. Diese wollten eigentlich nicht in die Öffentlichkeit, aber es gebe unvorsichtige Protagonisten, dank denen man sie auf Social Media dann doch finde.

Lokaljournalismus: kurze Distanzen, viel Dialog

Im Lokalen hat man einen erleichterten Zugang zu Quellen, weil die Distanzen klein sind und man die Leute kennt. Andererseits fehlen die Agenturen, welche Nachrichten bearbeiten. Social Media können diese

Funktion im Lokalen teilweise übernehmen, indem sich Leute einmischen und kommentieren, wenn eine Organisation zum Beispiel eine Medienmitteilung publiziert. «So haben Social Media im Lokalen eine gewisse Filter-, Verstärker- und Kommentarfunktion», so Andri Rostetter.

Mehr Debatten auf Facebook

Facebook nutzte er zu Beginn privat, war dann aber eine Weile weg, weil er sich darüber ärgerte, dass private Dinge auf seiner Wall publiziert wurden. Irgendwann eröffnete er dann wieder ein Profil, weil er bei Recherchen merkte: Ich komme nicht an gewisse Inhalte, wenn ich nicht Mitglied bin. Zudem fänden inzwischen mehr Debatten auf Facebook statt. «Diese Plattform hat nach meinem Gefühl an Wichtigkeit zugenommen im Journalismus.» Twitter nutzte er schon immer als Katalysator für Angebote seiner Zeitung, als Verbreitungskanal für eigene Geschichten.

Vor allem Politiker

Wenn der Wahlkampf anzieht, findet Andri Rostetter vermehrt kernige Aussagen von Politikern auf Social Media. Auch werden dort Verbindungen ersichtlich: Wer diskutiert mit wem, wer gibt wem Antwort auf Twitter, wer klinkt sich in welche Debatte ein? Zudem stösst er hier auf zusätzlichen Stoff über Personen. «Wenn ich ein Hintergrund-Porträt schreibe, schaue ich vorher, was auf Social Media über diese Person gesagt wurde oder was diese Person selber gepostet hat.»

Immer als Journalist unterwegs

Für Andri Rostetter lässt sich die berufliche schlecht von der privaten Person trennen. «Wenn ich eine Geschichte veröffentliche oder einen Kommentar, dann bin ich für jene, die mich nicht privat kennen, der Journalist vom St. Galler Tagblatt. Deshalb verstehe ich mich auf Social Media auch so. Ich deklariere das nicht, aber ich verhalte mich so. So äussere ich mich vor allem zu Themen, bei denen ich das auch als Journalist täte. Ich verbreite auf meinen Facebook- und Twitter-Kanal auch nichts Privates.»

Vom Tagblatt sei explizit erwünscht, dass man als Redaktor auf Social-Media-Kanälen präsent sei, für die Verbreitung von Artikeln sorge und sich auch zu Debatten äussere. Da gäbe es allerdings gewisse Einschränkungen: Entweder kennt man sich im Thema besonders gut aus, oder man wird direkt angesprochen oder angegriffen. «Bei Letzterem schalten wir uns als Chefredaktion ein und entscheiden, wer darauf reagiert: die angegriffene Person selbst, der Chefredaktor, oder lassen wir es sein.»

Aktuelles und Kurioses

Was auf Social Media sicher funktioniere, seien Primeure. Das liege in der Natur der Dinge. «Das Problematische daran ist, dass das nicht unbedingt die treuen Leser sind. Die bringen keine Abos, sondern generieren einfach kurzfristig Traffic.» Finanziell bringt das also sehr wenig. Auf der anderen Seite funktionieren in der Erfahrung von Andri Rostetter kleine Lokalgeschichten auf Social Media nicht. «Die klassische Berichterstattung, der ganz normale Feld-, Wald- und Wiesen-Lokaljournalismus ohne Spektakel muss man nicht über Social Media verbreiten.»

Social Media ersetzen die Medien nicht

Mittlerweile nutzen alle Unternehmen, die Politik oder NPOs Facebook-und Twitter für ihre News. Das Problem sei, dass sie damit nur ihre Blase erreichen – jene Leute, die ihnen sowieso folgen. Für ein grösseres Publikum müssten sie nach wie vor entweder Werbung platzieren, auch auf Social Media, oder mit Journalisten zusammenarbeiten. «Es braucht nach wie vor Journalisten, die Informationen sammeln, gruppieren, einordnen und an die Leute bringen. Es braucht den Journalismus als Verstärker, als Katalysator und als Filter.»

Steckbrief

Andri Rostetter, 40

- Auf Twitter seit: 2012, auf Facebook ähnlich lang
- passiv bei LinkedIn, Xing, Instagram

Karin Leuppi

MODERATORIN BEI TELE M1

«Notfall in der Badi in Olten: Eine Frau brachte ein Kind zur Welt.» Solche Posts sind Gold wert für regionale Fernsehstationen. Der Bademeister schmunzelt am Telefon darüber. Das sei ein medizinischer Notfall eines Kindes gewesen. An diesem Beispiel illustriert Karin Leuppi, Moderatorin bei Tele M1, wie viel Bedeutung man Social Media geben darf. Die Quelle müsse immer überprüft werden. Ansonsten sei eine «Ente» vorprogrammiert.

«Um eine Grundstimmung einzufangen, ist Social Media wirklich gut. Aber beim Fernsehen müssen wir natürlich die Gesichter vor der Kamera haben», sagt Karin Leuppi. Verlässlich sind die Quellen auf Social Media allerdings nicht. «Für mich ist Social Media wie: Dieser Typ hat von x gehört, dass y passiert ist. Es ist so schnell irgendetwas geschrieben. Jemand sieht einen Krankenwagen und glaubt, ein Kind sei auf die Welt gekommen.»

Typisch Journalist: Stöbern auf Facebook

Die Videojournalisten von Tele M1 brauchen Social Media täglich, vor allem Facebook. Die regionalen Gruppen auf Facebook wie zum Beispiel «Du bist von Zofingen» aber auch die Oltner Gruppe ist für die Arbeit wichtig. «Ich selber brauch Social Media auch. Muss aber sagen, dass ich nicht wirklich selber aktiv bin. Ich bin ein typischer Journalist. Ich stöbere gerne auf den verschiedenen Facebook-Seiten herum.»

Austausch mit anderen Medien

Tele M1 teilt auch Videos mit anderen Schweizer Medien. Mit den Jahren entstand ein Austausch zwischen den verschiedenen Medien. «Wenn wir einen Beitrag über ein Thema machen und 20 Minuten dazu ein cooles Leser-Video hat, fragen wir an, ob wir das Video für den Beitrag haben könnten. Die Videos werden jeweils entsprechend zitiert.»

Kühe, die Abfall fressen

Tele M1 postet pro Tag mehrere Beiträge auf Facebook. Das junge Publikum erreicht der Sender auf Facebook besser als im TV. «Unser Hauptpublikum sind ältere Personen». Social Media wird vor allem genutzt, um die Reichweite von Tele M1 zu vergrössern. «Ein gutes Beispiel ist ein Beitrag über Kühe, die Abfall fressen und daran sterben. Der hat wirklich sehr gut auf Facebook funktioniert. Wir sind eine ländliche Region», lacht Leuppi.

Steckbrief

Karin Leuppi, 30

- Moderatorin seit: 2011
- Auf Facebook seit: 2007
- Auf Twitter seit: 2012

Matthias Kündig

AUSLANDKORRESPONDENT RADIO SRF

Seit 27 Jahren arbeitet Matthias Kündig für Radio SRF. Im letzten Jahr hat er den Posten des Auslandkorrespondenten für die USA, Mexiko, Zentralamerika und die Karibik übernommen. Social Media helfen ihm, im riesigen Berichtsgebiet den Überblick zu behalten. Die Vielzahl der Kanäle macht die Kommunikation unverbindlich. Auf E-Mails reagieren seine Gesprächspartner selten.

Foto: SRF/Severin Nowacki

Mit den Ohren denken

Die Konvergenz hat bei SRF schon längst stattgefunden – wobei online
nur publiziert werden darf, was einen Bezug zu einem Radio- oder TV-
Beitrag hat. Das Online-Team setzt die Beiträge und Posts um. Journa-
list/innen wie Matthias Kündig liefern die Rohstoffe. «Bei meiner Arbeit
für das Radio denke ich vermehrt an Video und Social Media. Manchmal
ist das aber schwierig. «Du denkst dich anders in eine Geschichte hin-
ein, je nachdem ob du Audio- oder Video-Beiträge herstellst. Du denkst
quasi mit den Ohren, oder eben mit den Augen. Du kannst aber nicht
beides gleichzeitig machen.»

Das Schwierigste an Social Media ist für Matthias Kündig, dass nicht mehr klar ist, wer welche Kommunikationskanäle verwendet. «Am Anfang war ich überfordert: Auf Mails erhielt ich keine Antwort und telefonisch sind viele nicht erreichbar», erzählt er. Drei Dinge hat er seither gelernt: Vor dem Anrufen immer erst eine SMS schreiben. In Zentral- und Mittelamerika läuft fast alles über Whatsapp. In den USA sind die einzigen Personen, die noch auf E-Mails reagieren, Hochschulprofessoren und Menschen über 50.

New York Times als Trump-Filter

Persönlich nutzt Matthias Kündig Social Media für die Themensuche – insbesondere für die Länder Mittelamerikas. Für die Karibik findet er über Facebook oft rascher Informationen als in klassischen Medien. Aber auch Info-Mails von NGOs sind wichtig. Ein in der Schweiz basiertes Netzwerk versorgt ihn beispielsweise mit News zu Honduras. In den USA spielt Twitter eine grosse Rolle. Matthias Kündig hat zwar einen Twitter-Account, nutzt ihn aber selten. «Man verliert viel Zeit, wenn man ständig schaut, was Trump alles rauslässt. Alles, was einigermassen relevant ist – und das ist offen gestanden nicht wahnsinnig viel – schwappt in die klassischen Medien rüber. Also lagere ich quasi diese Arbeit aus an klassische Medien wie Washington Post, New York Times oder Wall Street Journal.»

Für seine eigenen Kanäle hat sich Matthias Kündig zusätzlich zu den SRF-Richtlinien zwei eigene Regeln gegeben: Er stellt seine Person nicht in den Vordergrund und er schützt seine Glaubwürdigkeit als Journalist, indem er nicht Position bezieht. «Ich bin kein Aktivist. Einer der wichtigsten Grundsätze ist bei SRF: Wir machen uns nicht mit einer Sache gemein – auch nicht mit einer guten. Und dieser Grundsatz ist auf Social Media umso wichtiger.»

Steckbrief

Matthias Kündig, 53

- Journalist seit: 1992
- Auf Facebook seit: 2011
- Auf Twitter seit: 2011
- Auf Instagram seit: 2013

Sarah Huber

ONLINE-REDAKTORIN BEI DER
SCHWEIZER LLUSTRIERTEN

Verlobungen, die ersten Babyfotos, das Fussballtraining mit dem
Sohn, die Geburtstagstorte oder Einblick in die Ferien: Immer
öfter zeigen Promis alle wichtigen Lebensereignisse auf Instagram. Das macht die Plattform zu einem wichtigen Arbeitsinstrument im Online-Journalismus zu People- und Gesellschafts-
Themen.

In der Online-Redaktion der Schweizer Illustrierten startet der Tag mit dem «Scouten». Sarah Huber öffnet ihren Instagram-Feed und überprüft die Profile der Schweizer Promis. Hat jemand eine Verlobung angekündigt? Gibt es Nachwuchs oder andere Neuigkeiten? «Ich folge sehr vielen Schweizer und internationalen Prominenten. Für das Scouting benutze ich meinen privaten Account. Private Kontakte habe ich nur sehr wenige in meinem Instagram.»

Direkten Zugang zu den Stars und Sternchen

Im People-Journalismus haben die Sozialen Medien die Recherche vereinfacht. «Vieles spielt sich direkt auf Social Media ab. So erfahren wir Neuigkeiten viel schneller, als wenn wir zuerst beim zuständigen Management nachfragen», sagt Sarah Huber. Social Media ist für die Online-Redaktion der Schweizer Illustrierten die wichtigste Inspirationsquelle – und bietet niederschwellige Möglichkeiten für Artikel, z. B. wenn ein Fussballspieler seine Verlobung über Instagram verkündet.

Was die Suche nach Promi-Geschichten erschwert, sind die Influencer-Tätigkeiten vieler Persönlichkeiten. Eigene Inhalte und bezahlte Posts vermischen sich auf den Social-Media-Profilen. «Es kann die Arbeit etwas langwierig machen, wenn ich zuerst die ganze Werbung für Farmer-Riegel durchscrollen muss», grinst Sarah Huber.

Instagram wird wichtiger

In den zwei Jahren, die Sarah Huber bei der Schweizer Illustrierten arbeitet, ist Instagram als Quelle bedeutend wichtiger geworden. Immer mehr Stars sind mit zertifizierten Profilen auf der Plattform präsent – und teilen ihr Leben mit der Öffentlichkeit.

Für die Streuung der eigenen Artikel auf den Sozialen Medien ist bei der Schweizer Illustrierten ein Social-Media-Manager verantwortlich. Bis vor Kurzem bildeten die Wochenenden eine Ausnahme: Da publizierten die Redaktor/innen ihre Beiträge auch selber auf Social Media. Nur ausgewählte Beiträge gelangen auf die Social-Media-Plattformen: «Vor zwei Jahren haben wir noch fast jeden Artikel auf Facebook geteilt. Heute sind es fünf bis sechs Posts pro Tag auf Facebook, auf Instagram ein Post und fünf bis sechs Storys. Bei Events ist es anders – da machen wir Live-Storys».

Steckbrief

Sarah Huber, 27

- Journalistin seit: August 2014
- Auf Facebook seit: 2010
- Auf Twitter seit: 2017
- Auf Instagram seit: 2017

Michael Elsener

HOST LATE UPDATE SRF

Nachrichtensatire wie sie Michael Elsener im «Late Update» von SRF betreibt, hat das Potenzial zum Auf- oder Anregen. Er nutzt die Social-Media-Kanäle intensiv und nach dem Lustprinzip für die Ideensuche, für Hinweise aus dem Publikum und für den Austausch mit Fans und Kritikern.

Für die Verbreitung seiner Videos nutzt Michael Elsener die Tatsache, dass Instagram inzwischen eine sehr grosse Verbreitung hat. «Ich triggere dort mit einer einminütigen Zusammenfassung eines Kommentars oder mit der besten Minute des Videos und lotse dann die Leute zu mir auf YouTube oder Facebook.» Für längere Stücke erachtet er YouTube und Facebook als geeigneter. «Und TikTok finde ich spannend als Inspirations-Quelle.»

Erfolgsquote: zwei von zehn

Bewusst gelernt hat Michael Elsener das Handling von Social Media nicht, vielmehr war es Learning by doing. Er sieht sich denn auch überhaupt nicht als Fachmann. «Ich würde aber sagen, dass auch Agenturen, die einem versprechen, sie würden einem einen viralen Clip produzieren, dies nicht wirklich garantieren können. Es ist Trial and Error.» Er findet: Zwei von zehn Ideen, die er als Autor habe, sind wirklich gut.

Und so sei das auch bei den Social-Media-Clips. Da mache man mal zehn Clips, und wenn zwei dann richtig toll funktionieren, so findet er, hat man eine gute Erfolgsquote.

Michael Elsener hat das Gefühl, dass man bei Social Media viel reininterpretiere, wie die Mechanismen wohl funktionierten, ohne es genau zu wissen. Wenn zudem eine Social-Media-Fachperson durchschaut habe, wie Social Media funktionierten, würden Facebook und Instagram ihre Algorithmen bald wieder ändern, womit der Social-Media-Feed wieder komplett anders aussähe.

Deshalb geht Michael Elsener nach dem Lustprinzip vor, nach seinem Mitteilungsbedürfnis. «Wichtig ist, dass die Leute spüren, dass ich eine persönliche Betroffenheit habe, eine persönliche Empörung. Oder dass eine Thematik so formuliert ist, wie man es noch nicht gehört hat. Das hat Chance auf Verbreitung.»

Nicht nur Hater-Kommentare

Als Michael Elsener die öffentlichen Debatten zu bestimmten Themen verfolgte, hatte er irgendwann das Bedürfnis, selbst etwas direkt dazu zu sagen. Deshalb fing er an, seine Videos auf Social Media zu posten. Die Leute begannen dann bald, ihn zu abonnieren und mitzudiskutieren. Die einen schrieben «finde ich super» oder «da bin ich dagegen». Aber es gab auch viele, die ihn auf Dinge aufmerksam machen. Sie sagten «Hey Michi, hier hast du sehr stark zugespitzt, das hier müsste man auch noch erwähnen.» Solche Inputs freuen ihn sehr. Auf der anderen Seite liefern ihm Follower, vor allem über die Nachrichtenfunktionen, neue Inhalte oder weisen ihn auf neue Themen hin. Oder sie schreiben: «Wir haben jetzt dann die und die Abstimmung, mich würde wunder nehmen, was du davon hältst. Mach bitte ein Video.»

Michael Elsener hört viel, auf Social Media gäbe es nur Hater-Kommentare und ähnliches. Aber er macht, gerade auf seinen Kanälen, völlig andere Erfahrungen. «Die Inputs sind inspirierend. Die Debatte in der Regel konstruktiv. Der direkte Austausch mit dem Publikum bringt mich da selber weiter.» Das führte auch schon zu Folgegeschichten: «Ich machte mal ein Video über Christa Rigozzi, als sie sich mit Pro Juventute für den Schulden-Abbau bei Jugendlichen engagierte. Kurz darauf machte sie Werbung für eine Kleinkredit-Firma. Aufgrund dieses Videos meldete sich jemand, der von einer Familie berichtete, die wegen Kleinkrediten in eine Schuldenfalle geraten war. Durch diese Familie lernte ich noch zwei weitere Fälle kennen und produzierte deshalb ein zweites Video nur zur Thematik der Kleinkredite.»

Michael Elsener geht grundsätzlich allen Hinweisen nach, die ihm zugeschickt werden, und führt zumindest eine kurze Recherche durch. «Wie soll ich sonst sagen können, dass das, was reinkommt, nicht vertrauenswürdig sein soll?» Das seien alles Menschen, die aufgrund eines Videos aktiv wurden. Also könne er annehmen dass sie sich für das Thema interessieren. Wenn ihm dann jemand etwas schickt, nimmt er das deshalb ernst und findet es spannend. «Es macht sich ja grad jemand die Mühe, ein paar Fakten oder Links für mich zusammenzutragen. Es liegt dann an mir zu prüfen, ob das alles wirklich wasserdicht ist.»

Ältere sind schneller

Late Update kennen viele nur als Schnipsel von Social Media, so Michael Elsener. «Social-Media-Kanäle sind eine ideale Ausspielplattform für unsere Sendung, weil ich dort unglaublich schnell Rückmeldung bekomme. Ich finde spannend zu sehen, welche Wechselwirkung es zwischen Social Media und den traditionellen Medien gibt.» Er merkte das zum Beispiel beim No-Billag-Clip oder auch beim Clip über das Klima mit Fuck-de-Planet: «Wenn ich ein Video poste und es zackig eine hohe Anzahl an Views erreicht, wird es von Journalisten in die Berichterstattung aufgenommen.» Dies führe dann relativ schnell dazu, dass seine Grosstante komme und sage, sie habe nun eben mein Video gesehen. Sie sei nicht auf Instagram oder Facebook drauf gestossen, sondern als tägliche Zeitungsleserin. «So wird die ältere Generation manchmal schneller auf ein Video aufmerksam als Teenager, die das Video erst fünf Tage später sehen, nachdem es ihnen andere empfohlen haben.» Die Digital Immigrants seien da manchmal schneller als die Digital Natives.

Lieber Menschen als Organisationen

Michael Elsener folgt viel lieber direkt Politiker/innen als Parteien. «Der Einsatz von Social Media ist bei Parteien in den letzten Jahren sehr viel professioneller geworden. Bei den persönlichen Profilen der Politiker/innen merkt man noch: Es ist die Person selber, die hier schreibt und postet. Vielleicht noch ein Berater. Aber keine Abteilung mit mehreren Instanzen.» Entsprechend wirkten die Posts authentischer, und es laufe halt auch mal etwas schief. «Da wird schneller einmal aus einem emotionalen Affekt getwittert.»

Steckbrief

Michael Elsener, 33

- Früher Journalist, Redaktor bei Radio DRS (2004-2012)
- Einstieg in die Social Media Welt: via StudiVZ, dann Facebook, YouTube

Bettina Hamilton-Irvine

JOURNALISTIN UND DOZENTIN

Bettina Hamilton-Irvine ist Co-Leiterin Inland bei der Republik und Blattmacherin bei CH Media. Zu Social Media hat sie ein ambivalentes Verhältnis. Für die Arbeit holt sie sich dort in erster Linie Inspiration für Themen, Geschichten und Interviewpartner.

Im Berufskontext nutzt Bettina Hamilton-Irvine vor allem Twitter. Hier findet sie Geschichten und Themen, auf die sie sonst nicht gestossen wäre. «Twitter nimmt für mich verschiedene Funktionen ein, sei es als Inspiration, als Quelle oder zum Finden und Kontaktieren eines möglichen Interviewpartners.» Facebook nutzt die Journalistin nur privat, für Instagram sei sie «zu alt». «Ich habe ein ambivalentes Verhältnis zu Social Media. Einerseits sind sie toll, denn sie eröffnen einem eine neue Welt. Man kommt mit Leuten und Themen in Kontakt, denen man sonst nicht begegnet wäre. Gleichzeitig können sie einen vereinnahmen und ein enormer Zeitfresser sein. Zudem besteht immer die Gefahr, dass eine Aussage nicht im richtigen Kontext verstanden wird.» Social Media seien eine Bubble, die nicht die Realität abbildet und wo der Empfängerkreis eingeschränkt sei.

Social Media von Anfang an Teil der Überlegungen

Am Beispiel der Republik zeigt sich der hohe Stellenwert von Social Media für ein Online-Magazin. «Bei der Republik waren Social Media von Anfang an Teil der Überlegungen. Während es gewünscht ist, dass alle mit ihren persönlichen Accounts aktiv sind, kümmern sich das Marketing-Team und der Community-Manager um Strategie und spezielle Projekte.» So würden Video-Teaser explizit für Social Media produziert, zum Beispiel als Ankündigung auf eine grosse Story. «Bei jedem Artikel überlegen wir uns von Beginn weg, wie wir das Thema auf Social Media bringen wollen. In unserem CMS ist es auch standardmässig drin, dass wir einen für Social Media passenden Titel und Lead verfassen.» Denn während das Magazin sonst nur Abonnenten zugänglich ist, können Artikel «gratis» auf Social Media verteilt werden. So schafft es das Magazin, potenzielle Neuabonnenten auf sich aufmerksam zu machen.

Dialog als Pfeiler

Die Republik lebt eine ausgeprägte Dialog- und Debattenkultur. «Auf unserer Webseite gibt es heftige Diskussionen zu unseren Artikeln. In der Regel beteiligen sich daran Abonnenten, die ein spezifisches Interesse haben und nicht nur schnell etwas loswerden wollen – so entstehen interessante Diskussionen, mit teilweise sehr langen Beiträgen.» Sie als Journalisten seien angehalten, sich aktiv zu beteiligen, sich zu für Feedback zu bedanken und Kritik entgegenzunehmen. «Diese Diskussionen zu verfolgen kann aufwändig sein. Der Republik ist dies aber so wichtig, dass alle Journalisten rund 10% für den Dialog investieren sollen.» Ein Community Manager schaut regelmässig rein, und macht die Journalisten darauf aufmerksam, falls sie etwas verpasst haben sollten.

Kein wesentlicher Einfluss auf die Kommunikation mit Unternehmen

In der Kommunikation mit Unternehmen spielen Social Media eine untergeordnete Rolle. «Bei der Republik läuft in der Regel alles direkt über Personen und Quellen. Bei CH Media gibt es mehr Kontakte zu Unternehmen. Hier läuft aber immer noch das Meiste über die Redaktions-E-Mail-Adresse.» Es gäbe auch Leute, die über Twitter-Direktnachrichten versuchten, Aufmerksamkeit für ihre Firma zu bekommen. Dies fände sie aber mühsam – genauso wie auf LinkedIn, wo es recht häufig passiere. «Auf solche Anfragen reagiere ich meistens gar nicht. Das ist für mich Spam.» Social Media sei zu persönlich für PR. «Ich antworte höchstens, wenn jemand kurz schreibt, er hätte eine Idee für eine tolle oder exklusive Geschichte – das kommt aber sehr selten vor.»

Steckbrief

Bettina Hamilton-Irvine, 41

- Journalistin seit: 2004
- Auf Facebook seit: 2007
- Auf Twitter seit: 2012

Dank

Ganz herzlich danken wir den befragten Medienschaffenden für ihre Offenheit, die vertiefte Auseinandersetzung und die Zeit. In den drei erschienenen Ausgaben – 2015, 2017, 2019 – haben sich bereits rund sechzig Journalistinnen und Journalisten den Fragen gestellt und sich portraitieren lassen.

Die langjährige gemeinsame Forschungstätigkeit von Bernet Relations und dem Institut für Angewandte Medienwissenschaft IAM der ZHAW wird möglich durch das Engagement, die Motivation und den Machergeist von allen Beteiligten.

Organisiert, geführt und verarbeitet haben diese Interviews neben dem Herausgeber-Trio diese Mitarbeitenden von Bernet Relations: Perrine Bischof, Nico Canori, Vivienne Doka, Thierry Li-Marchetti, Miriam Mahler, Claudia Nägeli, Michelle Sandmeier und Vincenzo Ribi.

Andreas von Gunten danken wir für die verlegerische Begleitung und Carmen Fischer Neumayer für die Umschlaggestaltung.

Wir danken dem treuen Fachpublikum für das grosse Interesse, für Feedbacks, Inputs und Anregungen. Unser Wissen und die praktische Erfahrung werden wir weiterhin teilen beim Dozieren, Bloggen, Publizieren und hoffentlich mit weiteren neuen Studien.

Irène Messerli und Dominik Allemann, Bernet Relations

Guido Keel, Institut für Angewandte Medienwissenschaft der ZHAW